외국인을 위한
K-비즈니스 한국어 쓰기

외국인을 위한 K-비즈니스 한국어 쓰기

초판 인쇄 2025년 2월 10일
초판 발행 2025년 2월 18일

지은이 김지연
펴낸이 박찬익 | **책임편집** 권효진 | **편집** 이수빈
펴낸곳 (주)박이정출판사 | **주소** 경기도 하남시 조정대로45 미사센텀비즈 8층 F827호
전화 031)792-1195 | **팩스** 02)928-4683 | **이메일** pijbook@naver.com
홈페이지 www.pijbook.com | **등록** 2014년 8월 22일 제305-2014-000029호
ISBN 979-11-5848-980-9(13710) | **가격** 15,000원

10주 완성

외국인을 위한
K-비즈니스
한국어 쓰기

김지연 지음

업무 쓰기와
비즈니스 문화
쉽게 배우기

박이정

오늘날 한국어와 한국 문화의 보급과 교육이 나날이 확장되고 성장하고 있습니다. 이와 함께 다양한 목적의 한국어 학습이 요구되고 있고, 이 중 아시아 지역을 중심으로는 직업 목적을 위한 비즈니스 한국어에 대한 관심이 높아지고 있습니다. 이러한 요구에 발맞춰 다양한 시점의 비즈니스 한국어 교재들이 나오고 있지만 한국의 직장에서 자주 쓰이는 업무 문서를 이용한 쓰기 교재는 아직 찾아볼 수 없습니다. 이를 위해 아시아 지역의 학습자와 한국인 관리자들의 요구를 반영한 비즈니스 한국어 쓰기 교재를 연구, 개발하게 되었습니다.

한국어 학습자들이 실제로 처하게 되는 업무 상황에서 각 장르별 지식과 전략을 활용한 비즈니스 한국어 쓰기를 단계적으로 학습할 수 있도록 중점을 두었고, 단원마다 비즈니스 문화를 더하여 맥락 이해에 의한 쓰기 심화 활동을 이끌고자 하였습니다. 또한 교재 집필 전에 학습의 요구도가 높은 현지의 한국어 학습자, 한국 기업의 취업 학습자, 현지 한국 기업의 한국인 관계자에게 비즈니스 쓰기 교육에 대한 설문 조사를 실시하였고, 조사 결과를 수렴하여 교재의 단원 구성과 비즈니스 문화 영역으로 담아냈습니다.

본 교재는 한국 기업의 취업을 준비하거나 일하고 있는 외국인 학습자들을 대상으로 한 비즈니스 교재로 중급 이상의 한국어 학습자를 위해 집필하였습니다. 학습 요구가 높았던 쓰기 장르와 비즈니스 문화 영역을 업무의 흐름과 난이도를 중심으로 단계별로 선정하여 총 10단원을 구성하였습니다. 10주 완성을 목표로 한 단원 당 2차시, 1차시 당 150분 내외의 수업을 운영하여 한국어 쓰기를 어려워하는 학습자들이 단기간에 집중하여 비즈니스 한국어 쓰기를 학습할 수 있도록 하였습니다. 또한 일반 사무 환경에서 통용되는 텍스트의 장르와 특징을 명시적으로 제시하여 학습자들이 전형적인 한국어 쓰기 업무의 요건을 파악하며, 어휘와 표현, 쓰기 전략 학습과 연습 활동을 제공하여 학습의 만족도를 높이고자 하였습니다.

끝으로 이 책을 통해 한국어 학습자들이 비즈니스 한국어 쓰기 학습의 흥미와 중요성을 발견하고, 보다 선명하고 희망찬 자신의 꿈을 찾는 데 작은 도움이 되기를 바랍니다. 그리고 특별히 아시아 지역의 한국어 교사와 한국어 학습자들에게 감사의 인사와 함께 마음을 담은 격려의 박수를 보내 드립니다.

2025년 1월

김 지 연

교재의 구성

단원	주제	쓰기 과제	어휘
1	취업 준비	자기소개서 쓰기	구직 관련 어휘
2	전화 업무	전화 통화 후 메모 쓰기	메모 관련 어휘
3	메신저 업무	업무 메신저 쓰기	상황 관련 어휘
4	요약 업무	주요 기사 요약문 쓰기	기사 관련 어휘
5	보고 업무 1	보고서 작성하기	시장조사 관련 어휘
6	보고 업무 2	주간업무일지 작성하기	실무 계획 관련 어휘
7	회의 업무	회의록 작성하기	회의 관련 어휘
8	이메일 업무 1	기본 이메일 쓰기	이메일의 기능 관련 어휘
9	이메일 업무 2	문의 및 답변 이메일 쓰기	문의 및 답변 관련 어휘
10	이메일 업무 3	업무 요청 이메일 쓰기	요청 관련 어휘

문법 및 표현	쓰기 전략	비즈니스 문화
-도록 하겠습니다	독자를 고려하여 내용 구성하기	면접 준비하기
-는다고/ㄴ다고/다고 합니다	핵심 어휘를 문장으로 재구조화하기	전화 예절
-(으)ㄹ 것 같다 · -는/(으)ㄴ 덕분에	원인과 결과가 드러나게 쓰기	메신저 예절
에 따르면 · 와/과 다르게	중심 내용과 세부 내용 구분하기	문서 업무
명사형 문장	정보를 항목별로 묶어서 구성하기	보고 문화
-(으)ㄴ 후에 · 후에	업무의 내용과 과정을 생각하기	한국인의 가치관
-기로 하다 · 에 관한	소주제로 나누어 세부 내용을 정리하기	회식 문화
-아/어 드립니다 · 드립니다	이메일 쓰기의 요건과 특징 파악하기	이메일 업무의 기초 다지기 Ⅰ
-는/(으)ㄴ지요? · -게 되다	문의 및 답변 이메일의 구조와 특징 이해하기	이메일 업무의 기초 다지기 Ⅱ
다름이 아니(오)라 · -기(를) 바랍니다	요청 이메일의 구조와 특징 이해하기	부탁의 기술

일러두기

교재 내용 구성

단원의 시작은 각 주제의 관련 사진과 함께 단원의 목표 쓰기를 보여줍니다. 그리고 단원에서 학습하게 될 장르의 정의와 특징을 알아 봅니다. 모든 단원은 '학습 활동 - 쓰기 준비 활동 - 쓰기 활동 - 쓰기 후 활동'으로 이루어져 있으며, 이 중 학습 활동은 '문서 익히기 - 어휘 익히기 - 표현 익히기 - 전략 익히기' 순으로 수업을 진행하도록 구성하였습니다.

도입 및 장르 알아보기

▷ 도입은 쓰기 과제와 쓰기 전략 확인으로 시작합니다.

▷ 제시된 이미지 자료로 배경지식을 활성화하고, 제시된 완성 문서를 통하여 학습 내용을 준비할 수 있도록 하였습니다.

▷ 장르의 정의와 특징을 제시하여 교사가 학습자에게 쓰기 활동에 앞서 중요 사항을 전달할 수 있도록 구성하였습니다.

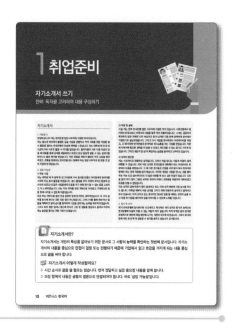

문서 익히기

▷ 학습자가 완성된 문서의 구조와 특징을 살펴본 후 단원 목표 쓰기를 준비할 수 있도록 하였습니다.

▷ 문서에 대한 질문에 답하면서 문서의 형식과 주요 내용에 익숙해지도록 하였습니다.

어휘 익히기

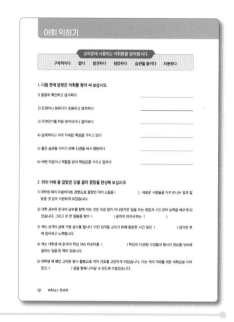

▷ 어휘 익히기에서는 각 단원의 쓰기 활동에 필요한 어휘를 제시하였습니다.

▷ 학습자가 어휘의 뜻을 읽고 해당 어휘를 찾을 수 있도록 하였습니다.

▷ 적절한 어휘를 선택하여 문장을 완성하는 쓰기 활동으로 각 단원에서 제시하는 문서의 내용과 어휘 맥락 이해에 도움이 될 수 있도록 하였습니다.

표현 익히기

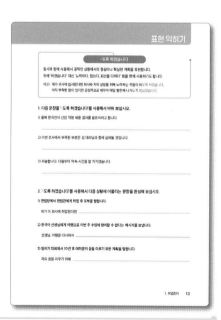

▷ 표현 익히기에서는 글의 장르에 따른 목표 문법이나 표현을 제시하였습니다.

▷ 학습자가 예문을 통해 표현 사용 맥락을 이해하도록 하였습니다.

▷ 각 표현에 적절한 쓰기 연습 활동을 구성하여 학습자가 표현을 내재화하고, 원활한 쓰기 활동에 도움이 되도록 하였습니다.

전략 익히기

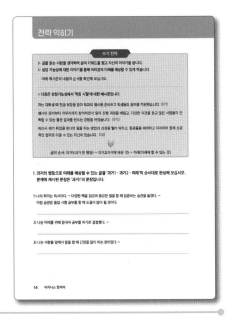

▷ 전략 익히기는 쓰기의 목표를 달성하기 위해 반드시 알아야 하는 전략을 학습자에게 전달하였습니다.

▷ 전략 연습을 위한 맞춤 활동을 구성하여 학습자가 쓰기 활동 전 전략의 쓰임을 확인할 수 있도록 하였습니다.

▷ 전략 활동은 각 단원의 쓰기 업무에 맞춰 필요한 다양한 활동으로 구성하였습니다.

쓰기 준비 활동

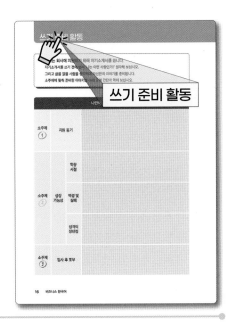

▷ 쓰기 준비 활동은 본격적인 쓰기 활동의 전 단계로 쓰기를 위한 맥락과 자료를 제공하여 학습자가 쓰기를 준비할 수 있도록 하였습니다.

▷ 각 단원의 쓰기 업무에 따라 다양한 쓰기 준비 활동을 제시하여 실제 수행되는 업무 상황에 맞추어 적용 가능하도록 하였습니다.

쓰기 활동

▷ 쓰기 활동에서는 쓰기 준비 활동에서 수행한 내용을 문서 양식에 맞춰 쓰기 활동을 하게 됩니다.

▷ 다양한 쓰기 업무에 맞는 문서 양식을 제공하여 실제적인 활동을 하도록 구성하였습니다.

▷ 쓰기 활동이 끝나면 글의 주제와 구성 중심의 질문을 통해 글의 전반적인 면을 점검할 수 있습니다.

▷ 작성한 글은 예시 답안을 통해 확인 또는 참고할 수 있습니다.

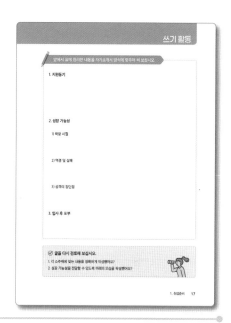

쓰기 후 활동

▷ 쓰기 후 활동은 '점검표 - 비즈니스 문화 - 온라인 쓰기 활동'으로 구성되었습니다.

▷ 자가 점검표와 상호 점검표로 나누어 작성한 글을 읽고, 점검표의 질문을 통해 학습 성취도를 확인할 수 있습니다.

▷ 비즈니스 문화는 각 쓰기 단원과 관계 있는 문화를 제시하여 업무 상황의 맥락 이해를 통해 쓰기의 완성도를 높이고자 하였습니다.

▷ 더 쓰기 활동은 단원에 따라 QR 코드를 통해 제공된 파일 양식 또는 전자 기기로 실제 쓰기 활동을 수행할 수 있도록 구성하였습니다.

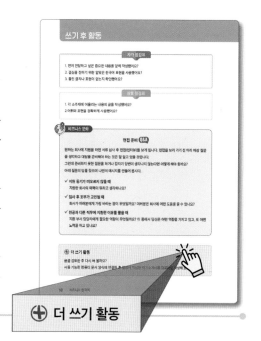

목차

1 취업 준비

자기소개서 쓰기
전략: 독자를 고려하여 내용 구성하기

자기소개서

1. 지원동기

안녕하십니까? 저는 한국은행 일반 사무직에 지원한 타이다입니다.

저는 평소에 태국에서 활발한 금융 사업을 진행하고 지역 사회를 위한 다양한 봉사 활동을 펼치는 한국은행의 모습에 매력을 느꼈습니다. 저는 대학생 때 한국 대사관의 SNS 서포트 활동 시 리더를 맡았습니다. 참여자들이 서로 다른 의견이 있을 때 대화를 통해 문제를 해결하려고 하였고 항상 즐겁게 일할 수 있는 분위기를 만든다고 좋은 평가를 받았습니다. 이런 경험을 하면서 몰랐던 저의 소질을 발견하였고, 은행을 방문하는 한국인을 만나 일해야 하는 일반 사무직과 잘 맞을 것 같아 지원하게 되었습니다.

2. 성장 가능성

1) 학창 시절

저는 대학생 때 두 달에 한 번 보육원에 가서 음식을 만들고 아이들에게 한국어를 가르쳐 주는 봉사 활동을 하였습니다. 봉사 활동을 하며 저에게 주어진 환경에 감사하게 되었고 더 많은 사람들에게 도움을 주기 위해 제가 할 수 있는 일을 고민하고 더 노력하였습니다. 이는 저의 미래를 위한 계획으로 이어졌고 구체적으로 꿈을 향해 나아갈 수 있도록 이끌었습니다.

또한 저는 대학시절 동안 전공 공부와 함께 한국어도 공부하였습니다. 두 가지 공부를 동시에 한다는 것은 쉬운 일이 아니었습니다. 그러나 이를 통해 해야 하는 일들을 계획하고 일의 순서를 정리하며 시간을 관리하는 능력을 배우게 되었습니다. 그리고 하지 못한 일이나 중간에 하다가 그만 둔 일들을 점검하고 끝까지 마무리하는 습관을 들이는 귀한 기회가 되었습니다.

📄 자기소개서란?

자기소개서는 개인의 특성을 알아보기 위한 문서로 그 사람의 능력을 확인하는 첫번째 문서입니다. 자기소개서의 내용을 중심으로 면접이 결정 또는 진행되기 때문에 기업에서 읽고 호감을 가질 수 있는 내용 중심으로 글을 써야 합니다.

💯 자기소개서는 어떻게 작성할까요?

▷ 시간 순서로 글을 쓸 필요는 없습니다. 먼저 전달하고 싶은 중요한 내용을 앞에 씁니다.

▷ 모든 항목의 내용은 공통의 결론으로 연결되어야 합니다. 바로 '성장 가능성'입니다.

□ 다음은 취업을 준비하는 학생의 자기소개서입니다. 글을 읽고 질문에 답해 보십시오.

자기소개서

1. 지원동기

안녕하십니까? 저는 한국은행 일반 사무직에 지원한 타이다입니다.

저는 평소에 태국에서 활발한 금융 사업을 진행하고 지역 사회를 위한 다양한 봉사 활동을 펼치는 한국은행의 모습에 매력을 느꼈습니다. 저는 대학생 때 한국 대사관의 SNS 서포트 활동 시 리더를 맡았습니다. 참여자들이 서로 다른 의견이 있을 때 대화를 통해 문제를 해결하려고 하였고 항상 즐겁게 일할 수 있는 분위기를 만든다고 좋은 평가를 받았습니다. 이런 경험을 하면서 몰랐던 저의 소질을 발견하였고, 은행을 방문하는 한국인을 만나 일해야 하는 일반 사무직과 잘 맞을 것 같아 지원하게 되었습니다.

2. 성장 가능성

1) 학창 시절

저는 대학생 때 두 달에 한 번 보육원에 가서 음식을 만들고 아이들에게 한국어를 가르쳐 주는 봉사 활동을 하였습니다. 봉사 활동을 하며 저에게 주어진 환경에 감사하게 되었고 더 많은 사람들에게 도움을 주기 위해 제가 할 수 있는 일을 고민하고 더 노력하였습니다. 이는 저의 미래를 위한 계획으로 이어졌고 구체적으로 꿈을 향해 나아갈 수 있도록 이끌었습니다.

또한 저는 대학시절 동안 전공 공부와 함께 한국어도 공부하였습니다. 두 가지 공부를 동시에 한다는 것은 쉬운 일이 아니었습니다. 그러나 이를 통해 해야 하는 일들을 계획하고 일의 순서를 정리하며 시간을 관리하는 능력을 배우게 되었습니다. 그리고 하지 못한 일이나 중간에 하다가 그만 둔 일들을 점검하고 끝까지 마무리하는 습관을 들이는 소중한 기회가 되었습니다.

2) 역경 및 실패

사실 저는 전에 한국은행 일반 사무직에 지원한 적이 있습니다. 서류전형에서 떨어졌는데 알고보니 이력서의 내용을 잘못 적어 제출하였습니다. 그 때는 꼼꼼하게 확인하지 않은 저에게 너무 속상하고 화가 났지만 다음 번에 완벽하게 준비해서 지원하기로 결심하였습니다. 그리고 다시 지원을 준비하면서 아르바이트를 하였고, 그 때 다양한 한국인들과 한국어로 의사소통을 하는 기회를 얻었습니다. 덕분에 이력서에 필요한 경력을 더 넣을 수 있었고 재도전할 수 있는 용기도 가지게 되었습니다. 그리고 뭐든지 한 번 더 확인하는 습관을 들이려고 노력하고 있습니다.

3) 성격의 장단점

저는 사교적이고 외향적인 성격입니다. 그래서 처음 만나는 사람과 어렵지 않게 대화할 수 있습니다. 저의 이런 성격은 한국인들과 대화해야 하는 아르바이트 현장에서 도움을 받았습니다. 그 때 다른 친구들은 긴장을 해서 한국어로 말해야 하는 것을 걱정했습니다. 하지만 새로운 사람을 만나는 것을 좋아하는 저는 조금 실수하더라도 더 많은 대화를 해 보고 싶은 마음이 컸습니다. 긴장을 많이 하지 않아 그동안 공부한 한국어 어휘나 표현들을 떠올리며 대화하였고 도움을 드릴 수 있었습니다. 저는 성격이 급해 뭐든지 빨리 끝내려고 하고, 이런 성격 때문에 가끔 실수를 하기도 합니다. 대학생 때부터 이런 성격을 고치기 위해 차분하게 생각하고 말하려고 하고 있습니다. 아직 고치고 있는 중이지만 중요한 일을 할 때에는 천천히 숨을 쉬고 마음 속 다짐을 생각하며 일을 마무리할 수 있도록 노력할 것입니다.

3. 입사 후 포부

제가 한국은행에 입사한다면 사교적이고 적극적인 저의 성격과 한국어 능력으로 한국은행에 도움이 드릴 수 있는 직원이 되고 싶습니다. 아직 부족한 점이 있지만 긍정적으로 배우며 매일 발전해 나가는 직원이 되도록 하겠습니다. 그래서 회사와 함께 저도 한 단계 더 성장할 수 있기를 꿈꾸고 있습니다. 감사합니다.

- 자기소개서는 크게 몇 개의 소주제로 구성되었습니까?
- 두 번째 소주제는 어떤 항목들로 구성되었습니까?

어휘 익히기

자기소개서에 사용되는 어휘를 알아봅시다.

구체적이다　　맡다　　발견하다　　점검하다　　습관을 들이다　　차분하다

1. 다음 뜻에 알맞은 어휘를 찾아 써 보십시오.

1) 꼼꼼히 확인하고 검사하다
_____

2) 감정이나 분위기가 조용하고 침착하다
_____

3) 무엇인가를 처음 찾아내거나 알아보다
_____

4) 실제적이고 아주 자세한 특징을 가지고 있다
_____

5) 좋은 습관을 가지기 위해 신경을 써서 행동하다
_____

6) 어떤 직급이나 역할을 받아 책임감을 가지고 일하다
_____

2. 위의 어휘 중 알맞은 것을 골라 문장을 완성해 보십시오.

1) 대학생 때의 아르바이트 경험으로 몰랐던 저의 소질을 (　　　　　　　), 새로운 사람들을 자주 만나는 일과
잘 맞을 것 같아 지원하게 되었습니다.

2) 대학 공부와 한국어 공부를 함께 하는 것은 쉬운 일이 아니었지만 일을 하는 방법과 시간 관리 능력을 배우게 되
었습니다. 그리고 못 한 일들을 찾아 (　　　　　　　) 끝까지 마무리하는 (　　　　　　　).

3) 저는 성격이 급해 가끔 실수를 합니다. 이런 성격을 고치기 위해 충분한 시간 동안 (　　　　　　　) 생각한
후에 말하려고 노력합니다.

4) 저는 대학생 때 한국어 학당 SNS 리포터를 (　　　　　　　) 학당의 다양한 수업들과 행사의 정보를 SNS에
알리는 일을 한 적이 있습니다.

5) 대학생 때 했던 보육원 봉사 활동으로 저의 진로를 고민하게 되었습니다. 이는 저의 미래를 위한 계획으로 이어
졌고, (　　　　　　　) 꿈을 향해 나아갈 수 있도록 이끌었습니다.

> ### -도록 하겠습니다
>
> 동사와 함께 사용해서 공적인 상황에서의 결심이나 확실한 계획을 표현합니다.
> 뒤에 '하다' 대신 '노력하다, 힘쓰다, 최선을 다하다' 등을 함께 사용하기도 합니다.
>
> 예문) 제가 귀사에 입사한다면 회사와 저의 성장을 위해 노력하는 직원이 되도록 하겠습니다.
> 아직 부족한 점이 있지만 긍정적으로 배우며 매일 발전해 나가도록 힘쓰겠습니다.

1. 다음 문장을 '-도록 하겠습니다'를 사용해서 바꿔 보십시오.

1) 올해 한국전자 신입 직원 채용 결과를 발표하려고 합니다.

_____

2) 이번 조사에서 부족한 부분은 김 대리님과 함께 살펴볼 것입니다.

_____

3) 죄송합니다. 다음부터 약속 시간을 잘 지키겠습니다.

_____

2. '-도록 하겠습니다'를 사용해서 다음 상황에 어울리는 문장을 완성해 보십시오.

1) 면접장에서 면접관에게 취업 후 포부를 말합니다.

제가 이 회사에 취업한다면 _____

2) 한국어 선생님에게 여행으로 이번 주 수업에 참여할 수 없다는 메시지를 보냅니다.

선생님, 여행을 다녀와서 _____

3) 말하기 대회에서 10년 후 여러분의 꿈을 이루기 위한 계획을 말합니다.

저의 꿈을 이루기 위해 _____

전략 익히기

쓰기 전략

▷ 글을 읽는 사람을 생각하며 글의 키워드를 찾고 자신의 이야기를 씁니다.
▷ 성장 가능성에 대한 이야기를 통해 여러분의 미래를 예상할 수 있게 적습니다.

아래 예시문의 내용과 순서를 확인해 보십시오.

□ **다음은 성장가능성에서 '학창 시절'에 대한 예시문입니다.**

저는 대학생 때 전공 회장을 맡아 학과의 행사를 준비하고 학생들의 참여를 지원했습니다. 과거1

행사의 준비부터 마무리까지 참여하면서 일의 진행 과정을 배웠고, 다양한 의견을 듣고 많은 사람들이 만족할 수 있는 좋은 결과를 만드는 경험을 하였습니다. 과거2

따라서 제가 취업을 한다면 일을 하는 방법과 과정을 빨리 익히고, 동료들을 배려하고 지지하며 함께 성공적인 업무로 이끌 자신이 있습니다. 미래

글의 순서: 내가 한 행동(과거1) → 과거에 배운 것(과거2) → 미래에 할 수 있는 것(미래)

---

1. 과거의 행동으로 미래를 예상할 수 있는 글을 '과거1 - 과거2 - 미래'의 순서대로 완성해 보십시오. 문제에 제시된 문장은 '과거1'의 문장입니다.

1) 나는 3년 동안 독서모임의 회원으로 활동을 하였다. → 다양한 책을 읽으며 중요한 일을 할 때 집중하는 습관을 들였다. →

이런 습관은 졸업 시험 공부를 할 때 도움이 많이 될 것이다.

---

2) 나는 미래를 위해 한국어 공부를 하기로 결정했다. →

---

3) 나는 사람들 앞에서 말을 할 때 긴장을 많이 하는 편이었다. →

---

2. 원하는 기업에 취업하기 위해 자기소개서를 작성합니다. 당신이 면접관이라면 지원자의 어떤 점이 궁금할지 알맞은 것을 골라 보십시오.

지원 방법	성격의 장단점	한국어 공부를 하는 이유	실패한 경험
한국에서 가고 싶은 곳	지원 동기	나와 가장 친한 친구	최근에 본 영화
여름 휴가 계획	가장 좋아하는 음식	패션스타일	입사 후 포부
1주일 아르바이트 경험	학창 시절의 경험	토픽 공부 방법	좋아하는 K-POP

3. 왼쪽 글의 내용과 알맞은 주제를 골라 연결해 보십시오.

저는 새로운 일들에 도전하는 것을 좋아합니다. 그래서 무엇인가를 시작하기 전에 많은 생각을 하며 미리 걱정하지 않는 편입니다. 그러나 이런 성격 때문에 조심성이 없다는 말도 가끔 듣습니다.

실패한 경험

작년에 5급을 목표로 토픽시험을 봤는데 2점이 부족해서 4급을 받았습니다. 쓰기에서 낮은 점수를 받아 그 후로 일주일에 하나씩 한국어로 글을 쓰고 있습니다. 그리고 한국 포털 사이트에서 중요 기사를 찾아 읽고 있습니다.

성격의 장단점

사무직은 본사와 현지 공장이 잘 소통하고 문제 없이 업무를 할 수 있게 돕는 일을 합니다. 평소에 사람들과 잘 어울리며 문제를 원만하게 해결한 경험이 많아 지원하였습니다.

지원 동기

저에게 이 회사에서 일할 수 있는 기회가 주어 진다면 기획개발팀에서 일하고 싶습니다. 시장을 분석하고 소비자들이 원하는 것을 찾아 최고의 제품을 개발할 수 있도록 노력하겠습니다.

입사 후 포부

원하는 회사에 지원하기 위해 자기소개서를 씁니다.

자기소개서를 쓰기 전에 먼저 '나는 어떤 사람인가?' 생각해 보십시오.

그리고 글을 읽을 사람을 생각하며 자신만의 이야기를 준비합니다.

소주제에 맞춰 준비한 이야기를 아래 표에 간단히 적어 보십시오.

나만의 자기소개서 준비하기			
소주제 ①	지원 동기		
소주제 ②	성장 가능성	학창 시절	
		역경 및 실패	
		성격의 장단점	
소주제 ③	입사 후 포부		

앞에서 표에 정리한 내용을 자기소개서 양식에 맞추어 써 보십시오.

1. 지원동기

2. 성장 가능성

1) 학창 시절

2) 역경 및 실패

3) 성격의 장단점

3. 입사 후 포부

✅ **글을 다시 검토해 보십시오.**

1. 각 소주제에 맞는 내용을 정확하게 작성했어요?

2. 성장 가능성을 전달할 수 있도록 미래의 모습을 작성했어요?

쓰기 후 활동

자가 점검표

1. 먼저 전달하고 싶은 중요한 내용을 앞에 작성했어요?
2. 결심을 전하기 위한 알맞은 표현을 사용했어요?
3. 틀린 글자나 표현이 없는지 확인했어요?

상호 점검표

1. 각 소주제에 어울리는 내용의 글을 작성했어요?
2. 어휘와 표현을 정확하게 사용했어요?

 비즈니스 문화

면접 준비하기

원하는 회사에 지원을 하면 서류 심사 후 면접(인터뷰)을 보게 됩니다. 면접을 보러 가기 전 미리 예상 질문을 생각하고 대답을 준비해야 하는 것은 잘 알고 있을 것입니다.

그런데 준비하지 못한 질문을 하거나 갑자기 답변이 생각나지 않는다면 어떻게 해야 할까요?

아래 질문의 답을 찾으며 나만의 메시지를 만들어 봅시다.

✓ **지원 동기가 떠오르지 않을 때**

지원한 회사의 매력이 뭐라고 생각하나요?

✓ **입사 후 포부가 고민될 때**

회사가 여러분에게 가장 바라는 점이 무엇일까요? 여러분은 회사에 어떤 도움을 줄 수 있나요?

✓ **전공과 다른 직무에 지원한 이유를 물을 때**

지원 부서 담당자에게 필요한 역량이 무엇일까요? 이 중에서 당신은 어떤 역량을 가지고 있고, 또 어떤 노력을 하고 있나요?

⊕ 더 쓰기 활동

글을 검토한 후 다시 써 볼까요?

사용 가능한 컴퓨터 문서 양식에 연결한 후 앞에서 작성한 자기소개서를 컴퓨터로 작성해 보십시오.

나만 아는 면접 **TIP**

다음은 면접장에서 좋은 인상을 줄 수 있는 네 가지 방법입니다.
면접 준비를 시작하기 전에 먼저 읽어 보시면 도움이 될 것입니다.
여러분의 취업 성공을 응원합니다!

• **너무 긴장이 될 때**

말하기 전에 너무 긴장하고 있음을 면접관에게 전달합니다. 그리고 천천히, '정확한 발음'과 함께
문장으로 대답합니다. 아무리 좋은 내용의 대답도 들리지 않으면 아무 소용이 없기 때문입니다.

• **면접을 마무리할 때**

회사 문을 열고 나갈 때까지 면접은 계속 진행됩니다. 회사는 여러분이 의자에서 일어난 후 끝
인사를 하고 문을 닫는 순간까지 모든 과정을 지켜보고 평가합니다.

• **면접에 떨어졌을 때**

면접 시작 전, 면접 중, 면접을 끝내고 인사를 하고 나가는 모든 순간을 다시 머릿속으로 정리하
고 실수는 없었는지 곰곰히 생각해 봅니다.
자신의 잘못과 실수를 반성하지 않으면 다음에 또 같은 실수를 하게 됩니다.
그리고 아쉬운 감정은 잊어 버리고 다음 면접을 준비합니다.

• **미소의 힘**

행복한 사람이 웃는 것이 아니라 웃는 사람이 행복합니다.
사람은 누구나 행복한 사람과 가까이 지내고 싶고, 함께 일하고 싶어합니다.
미소의 힘을 믿고 평소에 웃는 연습을 자주 해 보세요.

2 전화 업무

전화 통화 후 메모 쓰기

전략: 핵심 어휘를 문장으로 재구조화하기

박 부장님께

• 시간: 5월 24일 월요일 오후 2시 40분

• 전화 거신 분: 두성글로벌 물류 김병희 과장

• 메시지: 물류 상담을 위한 전화로 이번 주 안에
  상담 일정을 잡고 싶다고 합니다.
  전화 부탁하셨습니다.

• 연락처: 08240931114

자얀티 드림

전화 메모란?

전화 업무 중에 주고받은 중요한 정보를 기록하여 상대방에게 전달하기 위한 메모입니다. 예를 들어 상대방의 이름과 연락처, 미팅 일정 확인 및 변경, 요청 사항을 작성하여 필요한 사람에게 전합니다.

💯 전화 메모는 어떻게 작성할까요?

▷ 통화 중에는 정보를 정확히 들은 후 중심 내용을 간단한 어휘로 적습니다. 특히 연락처나 이메일 주소는 전화를 끊기 전에 한번 더 확인합니다.

▷ 적은 내용은 메모를 받는 상대방이 이해할 수 있도록 문장으로 바꿔 쓰고, 작성한 메모는 전달받을 사람의 책상 위에 올려 놓습니다.

□ 다음은 회사로 전화를 건 손님과의 대화와 이를 정리한 메모입니다. 글을 읽고 질문에 답해 보십시오.

손님: 안녕하세요? 거기가 월드무역인가요?

직원: 네. 맞습니다.

손님: 저는 두성글로벌 물류의 과장 김병희입니다. 생산팀의 박정우 부장님께 물류 상담 요청을 위해 전화드렸습니다. 부장님 자리에 계십니까?

직원: 부장님은 지금 외근 중이십니다. 메모 남겨 주시면 전달드리겠습니다.

손님: 네. 저는 두성글로벌 물류의 김병희이고, 연락처는 0824093114입니다. 이번 주 내에 통화하고 상담 일정을 잡고 싶다고 전해 주세요.

직원: 알겠습니다. 연락처를 다시 한번 확인하겠습니다. 0824093114 맞으신가요?

손님: 네. 맞아요.

직원: 알겠습니다. 박 부장님께 메모 전달해 드리겠습니다.

손님: 감사합니다.

직원: 네. 감사합니다.

박 부장님께

• 시간: 5월 24일 월요일 오후 2시 40분

• 전화 거신 분: 두성글로벌 물류 김병희 과장

• 메시지: 물류 상담을 위한 전화로 이번 주 안에 상담 일정을 잡고 싶다고 합니다. 전화 부탁하셨습니다.

• 연락처: 0824093114

자얀티 드림

• 전화통화에서 메모로 전달한 중요한 내용은 무엇입니까?

• 메모는 어떤 순서로 구성되었습니까?

어휘 익히기

전화 메모에 사용되는 어휘를 알아봅시다

외근 중   부재 중   메모를 남기다   상담이 있다   요청하다   예약하다

1. 다음 뜻에 알맞은 어휘를 찾아 써 보십시오.

1) 집이나 회사의 자리를 비우는 중

_____

2) 문제를 해결하거나 거래하기 위해 상대방과 대화를 하다

_____

3) 필요한 것을 정중하게 요구하다

_____

4) 다른 사람에게 중요한 메시지를 전하다

_____

5) 어떤 일이나 약속을 전달하여 미리 정하다

_____

6) 밖에서 업무를 하는 중

_____

2. 위의 어휘 중 알맞은 것을 골라 문장을 완성해 보십시오.

1) 박정우 부장님은 (   )이라 자리에 안 계십니다. (   ) 드리겠습니다.

2) 목요일 오후 1시 30분에 박 부장님과 저는 두성글로벌 물류의 김병희 과장과 물류 관련 (   ).
   수요일까지 그동안 거래한 물류 업체 정보를 정리 후 보고서를 작성해서 박 부장님께 전달해야 합니다.

3) 상담이 잘 이루어졌고 다음 달부터 물류 거래를 시작하는 것으로 결정됐습니다. 금요일에 있을 계약을 위해 두
   성글로벌 물류에 회사 정보와 담당자 연락처를 (   ).

4) 다음 주 금요일 저녁 4시에 두성글로벌 물류와 거래 계약을 한 후 6시에 저녁 식사를 할 예정입니다. 그래서 오
   늘 퇴근하기 전에 신라식당에 전화를 해서 (   ).

5) 회의에 참석해서 거래처 연락을 받지 못했습니다. 두성글로벌 물류로부터 (   ) 전화가 3통 왔습
   니다.

-는다고/ㄴ다고/다고 합니다

동사나 형용사와 함께 다른 사람에게 들은 내용(일반 문장)을 또 다른 사람에게 전달할 때 사용합니다. 현재나 가까운 미래를 표현할 수 있고, ' -지 않는다고 합니다/ -지 못한다고 합니다'와 부정 내용을 전달할 수 있습니다.

예문) 물류 상담 위한 전화로 이번 주 안에 상담 일정을 잡고 싶다고 합니다.
　　　 이 과장님은 거래처와 점심 약속이 있어서 같이 식사하지 못하신다고 해요.

1. 다음 문장을 '-는다고/ㄴ다고/다고 합니다' 문법을 사용해서 바꿔 보십시오.

1) 선우 씨 / 오늘 회사에서 대리로 승진하다.

_____

2) 최 주임님 / 이번 휴가 때 싱가포르로 여행을 갈 것이다.

_____

3) 수정 씨 / 요즘 비즈니스 한국어 수업을 듣다.

_____

4) 박 과장님 / 감기가 심해 오늘 회식에 참여하지 못하다.

_____

5) 사장님 / 방금 공항에 도착해 30분 후에 회사로 오실 것이다.

_____

▷ 전화 메모를 할 때는 통화 중 적은 핵심 어휘를 문장으로 만들어 전달합니다.

▷ 메모는 '메모를 받는 사람 - 통화 날짜와 시간 - 발신자 이름 - 메시지 - 연락처 - 메모 작성자' 순서로 씁니다.

1. 다음 내용과 '-는다고/ㄴ다고/다고 합니다'를 사용해서 메모를 위한 문장을 써 보십시오.

1) 삼정전자 / 김성환 부장 / 아침에 급한 일이 생겨 회사 방문을 오후로 연기하고 싶다.

_____

2) 이정은행 / 정주희 대리 / 회사통장 발급을 위한 사업자등록증을 이번 주 금요일까지 보내야 하다.

_____

3) 정인여행사 / 이은주 직원 / 한국행 비행기 일정은 매 주 화,목요일이라 문의하신 금요일에는 비행기 운항을 하지 않다.

_____

2. 다음은 거래처와의 전화 통화입니다. 대화를 잘 듣고 메모를 작성해 보십시오.

강 부장님께

• 시간: 2월 19일 수요일 오후 1시

• 전화 거신 분:

• 메시지:

• 연락처:

드림

전화 메모를 쓰기 위한 준비를 합니다. 3명의 학생이 한 팀이 되어 각자의 역할을 정합니다.
그런 다음 아래의 질문과 활동 방법을 읽고 대답 내용을 준비합니다. 친구에게 궁금한 것을 물어보고 답변을 간단히 적은 후 전달할 메모를 '- 는다고/ㄴ다고/다고 합니다'를 사용해서 써 보십시오.
팀 활동이 힘들다면 한 학생이 여러 친구들에게 아래 3개의 질문을 한 후 대답을 듣고 메모를 쓸 준비를 합니다.

학생 1의 활동 (이름:)

1) 학생 2에게 하는 질문: 요즘 가장 인기 있는 카페를 알아요? 이름과 연락처, 그리고 그 카페에서 가장 좋아하는 음료 메뉴를 알려 줄래요?

2) 카페를 궁금해하는 학생 3에게 학생 2의 대답을 메모로 전달하기

학생 2의 활동 (이름:)

1) 학생 3에게 하는 질문: 졸업 축하해요! 졸업 선물을 주고 싶은데 혹시 갖고 싶은 것이 있어요? 제 친구가 한국화장품 회사에서 일하거든요. 주소를 알려 주면 친구에게 부탁해서 집으로 선물을 보내 줄게요.

2) 한국화장품 회사에서 일하는 학생 1에게 학생 3의 대답을 메모로 전달하기

학생 3의 활동 (이름:)

1) 학생 1에게 하는 질문: 제 친구가 요즘 한국어 말하기 대회를 준비하고 있어요. 글은 다 썼는데 틀린 부분이 있는지 확인을 받고 싶대요. 한국어를 잘하니까 혹시 친구의 글을 한번 읽어봐 줄 수 있어요? 이메일 주소를 알려 주면 그 친구에게 전달해서 글을 보내라고 할게요.

2) 글을 쓴 학생 2에게 학생 1의 대답을 메모로 전달하기

쓰기 활동

앞에서 적은 내용을 정리해서 메모지에 써 보십시오. 메모를 쓴 후 질문에 대답한 친구에게 정보가 맞는지 확인해 보십시오. 활동이 끝나면 서로 역할을 바꿔서 메모 쓰기를 해 보십시오.

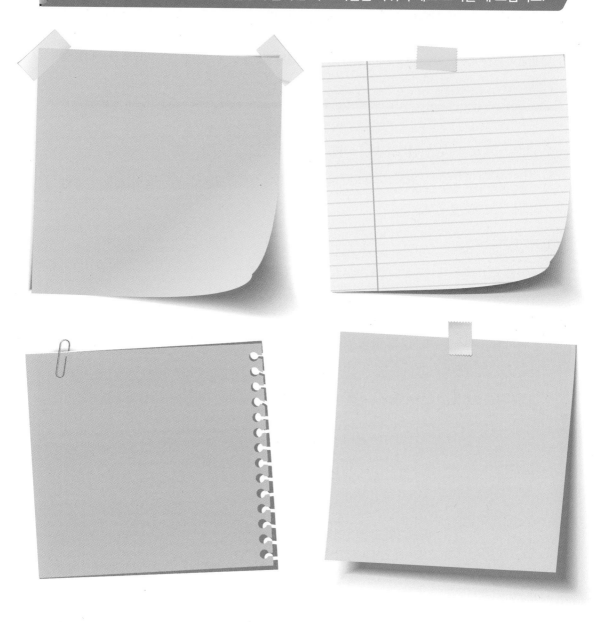

☑ 글을 다시 검토해 보십시오.

1. 전달 내용 중 핵심 어휘를 모두 사용해서 문장을 작성했어요?

2. 메모의 순서에 맞춰서 작성했어요?

자가 점검표

1. 먼저 전달하고 싶은 중요한 내용을 앞에 작성했어요?
2. 앞에서 공부한 어휘와 표현을 사용했어요?
3. 틀린 글자가 표현이 없는지 확인했어요?

상호 점검표

1. 전달한 내용을 정확하게 작성했어요?
2. 어휘와 표현을 정확하게 사용했어요?

 비즈니스 문화

전화 예절

전화 업무는 크게 전화를 할 때와 전화를 받을 때로 나뉩니다.

전화를 할 때는 중심 내용을 간단히 쓰고 통화를 해야 필요한 메시지를 빠뜨리지 않고 전할 수 있습니다. 그리고 급한 업무가 아니라면 출근 전과 퇴근 후, 주말과 점심시간에는 전화를 피합니다.

회사 전화기로 전화를 받을 때는 회사 이름과 자신의 이름을 먼저 말하고, 메시지를 적을 메모지나 수첩을 준비합니다.

개인 핸드폰으로 전화를 받을 때는 회사나 자신의 이름을 말하지 않아도 되지만 사무실에서 개인적인 전화를 받았다면 다른 직원들을 위해서 사람이 없는 곳으로 자리를 이동해 통화를 합니다.

✔ **다음은 전화 메모 시 사용하는 표현들입니다.**

▷ 메시지 남겨 드릴까요? / 메시지를 남기시겠습니까?

▷ 성함이 어떻게 되십니까? / 성함을 말씀해 주시겠습니까?

▷ 전화번호를 다시 한번 확인하겠습니다. OOOOOOO 맞으신지요?

▷ 추가로 남기실 말씀 있으십니까?

3 메신저 업무

업무 메신저 쓰기

전략: 원인과 결과가 드러나게 쓰기

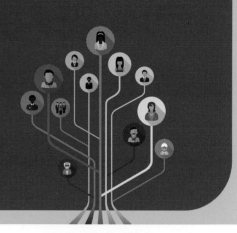

즈하오: 장 대리님 안녕하세요? 주말 잘 보내셨나요? 이번 주 출고 계획서를 보내 드립니다. 확인 후 회신 부탁드립니다. 감사합니다.

장 대리: 안녕하세요? 네, 확인하고 궁금한 것이 있으면 문의드리겠습니다. 활기찬 한 주 시작하기를 바랍니다.

장 대리: 즈하오 씨, 계획서를 확인했는데요. SD-N9509A 출고 계획이 누락되어 있네요. 이번 주에 출고해야 하는 제품인데 재확인 바랍니다.

즈하오: 죄송합니다. 말씀하신 제품은 이번 주에 같이 출고 예정입니다. 계획서 수정해서 다시 보내 드리겠습니다.

장 대리: 알겠습니다.

 메신저 업무란?

메신저는 통신기기를 이용해서 언어를 주고받는 대화 방법으로 문자나 사진, 음성메시지를 주고 받습니다. 업무 메신저는 얼굴을 보며 대화하지 않기 때문에 존칭 표현을 잘 사용해야 합니다.

💯 **업무 메신저는 어떻게 작성할까요?**

▷ 업무 메신저는 속도가 중요합니다. 평소에 메신저를 자주 확인하고, 가능한 빠른 답변으로 상대방에게 신뢰를 줄 수 있습니다. 평소에 한글 타이핑 연습을 하는 것도 도움이 됩니다.

▷ 업무 메신저는 첫인사 - 중심 내용 - 끝인사의 기본 구조로 씁니다. 함께 일하거나 자주 연락하는 직원에게는 첫인사 또는 끝인사를 생략하기도 합니다.

□ 다음은 두 사람의 업무 메신저입니다. 잘 읽고 아래 질문에 답해 보십시오.

- 즈하오 씨는 장 대리에게 왜 메신저를 보냈습니까?
- 장 대리는 즈하오 씨에게 파일을 받은 후에 왜 다시 문의를 했습니까? 장 대리의 문의에 즈하오 씨는 뭐라고 답변했습니까?

메신저에 사용되는 어휘를 알아봅시다.

출고하다   회신하다   문의하다   활기차다   누락되다   재확인하다

1. 다음 뜻에 알맞은 어휘를 찾아 써 보십시오.

1) 무엇인가를 다시 확인하다 _____

2) 생산한 물건을 팔기 위해 시장에 내보내다 _____

3) 이메일, 전화, 메시지로 답장을 하다 _____

4) 있어야 할 정보나 내용이 빠지다 _____

5) 밝고 활동적인 에너지가 가득하다 _____

6) 궁금한 점을 묻고 대답하다 _____

2. 위의 어휘 중 알맞은 것을 골라 문장을 완성해 보십시오.

1) 다음 주까지 주문 제품을 보내기 위해 공장에서 제품을 (   ).

2) 메신저나 이메일 업무 시 상대방의 답장을 요청할 때 일반적으로 사용하는 표현은 '(   )'입니다.

3) 장 대리가 받은 출고 계획서에는 SD-N9509A 출고 계획이 (   ).

4) 긴 연휴 동안 충분한 휴식을 취한 직원들의 표정이 (   ).

5) 출고 계획서를 확인한 장 대리는 문서에 없는 제품의 출고 계획을 (   ).

6) 즈하오 씨는 보낸 출고 계획서를 (   ) 수정해서 다시 보낼 것입니다.

-(으)ㄹ 것 같다

동사나 형용사와 함께 사용해서 다양한 조건들로 일어날 일이나 상황의 추측을 표현합니다.
자신의 생각을 겸손하거나 소극적으로 나타내기도 하며, 명사는 '(이)ㄹ 것 같다'를 사용합니다.

예문) 이 제품은 사람들의 생활을 더욱 편리하게 만드는 데에 도움이 될 것 같습니다.

-는/(으)ㄴ 덕분에

동사나 형용사와 함께 사용해서 긍정적인 일이 일어난 조건이나 원인을 표현합니다. 명사는 '덕분에'와 함께 쓰이며, 상대방에게 감사나 칭찬을 전할 때는 '-아어 주다'와 함께 사용되기도 합니다.

예문) 처음 입사를 했을 때는 회사생활이 힘들었지만 동료들이 배려해 준 덕분에 적응할 수 있었어요.

1. '-(으)ㄹ 것 같다'를 사용해서 다음 대화를 완성해 보십시오.

1) 가: 점심시간이 다 되어 가는데 부장님은 언제 미팅이 끝나실까요?

　　나: 안 그래도 방금 전화 드렸는데 안 받으세요. 아마 아직 (　　　　　　　).

2) 가: 부장님, 저 키신입니다. 미팅은 잘 끝나셨어요? 혹시 사무실에 언제 돌아오세요?

　　나: 미팅은 잘 끝났어요. 다음 주에 본사 직원들과 온라인 회의를 하기로 했어요.

　　　　그런데 미팅이 늦게 끝나서 나는 밖에서 점심을 먹고 사무실로 (　　　　　　　).

　　가: 네, 알겠습니다. 그럼 점심 맛있게 드시고 조심히 오십시오.

2. '-는/(으)ㄴ 덕분에'를 사용해서 부모님께 감사 인사를 간단히 써 보십시오.

부모님께

1. 다음 바오 과장과 이 대리의 업무 메신저 대화입니다. 내용을 읽고 알맞은 대화 순서를 매겨 보십시오.

이 대리, 안녕하세요?
월요일 오전이라 많이 바쁘죠?
오늘 오후 3시까지 이번 주 회의 자료를 받을 수 있을까요?
내일 오전에 회의가 있어서요.
회의 안건은 이번 달 제품 생산과 출고 계획입니다. 준비되면 바로 전달 부탁합니다.

1

네, 확인해 주셔서 감사합니다. 언제든지 연락 주십시오.

5

과장님, 지금 회의 자료 보내 드립니다.
지난 달과 이번 달 생산 결과를 그래프로 만들어 회의 자료에 넣었습니다.
혹시 수정할 부분이 있으면 말씀해 주십시오.

안녕하세요, 바오 과장님?
이번 주 회의 자료는 말씀하신 시간까지 전달 가능합니다.
마지막 부분만 정리하면 끝날 것 같습니다. 완성되면 바로 보내 드리겠습니다.

이 대리, 자료 잘 받았습니다. 빨리 보내 줘서 고마워요.
자료 내용을 더 확인한 후 추가 자료가 필요하면 다시 연락하겠습니다.

□ 아래 두 개의 업무 메신저 대화를 읽고 잘못된 점을 찾아 고쳐 보십시오. 그리고 친구와 함께 이야기해 보십시오. 활동을 하기 전에 39페이지의 비즈니스 문화 '메신저 예절'을 먼저 공부하십시오.

상사
은허 씨, 보고서 진행이 어떻게 되어 가고 있나요? 오늘 퇴근 전까지 받을 수 있겠죠?

직원
네, 차장님. 거의 다 됐는데 좀 늦을 수 있어요. ㅠㅠ

상사
늦어지면 그 다음 업무 일정에 영향이 있을 텐데요. 시간을 맞춰 제출하는 게 중요합니다.

직원
넵넵. 근데 다른 업무를 하느라 그랬어요. ㅋ

상사
이 보고서는 내일 오전에 결재를 받아야 하니까 반드시 오늘까지 작성하세요.

직원
알겠습니당 ^^;;

직원
(퇴근 5분 전)
보고서.pdf

8월 14일 월요일

과장
안녕하세요? 금요일 오전 11시에 홍보팀과 신제품 홍보 관련 회의가 있습니다. 메이뚜 대리와 은허 씨가 같이 PPT를 작성해서 수요일까지 제출하세요. 다른 직원들은 회의실을 정리하고 간단한 점심을 준비하세요.

메이뚜 대리
알겠습니다, 과장님.

은허 씨
ㅇㅋ~

8월 16일 수요일

은허 씨
과장님, 신제품 설명서 보냅니다.
설명서.pdf

과장
수고했어요.

8월 17일 목요일

수완 씨
과장님, 다음 달 휴가계획서 보냅니다.
휴가계획서.pdf

쓰기 활동

다음 두 상황을 보고 '-(으)ㄹ 것 같다 · -는/(으)ㄴ 덕분에'를 사용해서 메신저를 써 보십시오.
메신저를 다 쓴 후에 핸드폰을 사용해서 점검 활동을 함께 할 친구에게 보내십시오.

1. 정 팀장님 - 나(직원)

출근 중인데 교통사고로 길이 많이 막힙니다.
출근해야 하는 시간 전에 팀장님께 메신저를 보냅니다.

2. 한국어 선생님 - 나(학생)

오늘은 5월 15일, 스승의 날입니다. 스승의 날을 맞아
한국어 선생님께 감사 인사를 전하는 메신저를 보냅니다.

✅ 글을 다시 검토해 보십시오.

1. 메신저의 기본 구조를 잘 지켜서 썼어요?
2. 전달하고 싶은 내용을 분명하게 썼어요?

1. 상대방을 배려하는 표현을 사용했어요?
2. 앞에서 공부한 표현을 사용했어요?
3. 틀린 글자나 표현이 없는지 확인했어요?

1. 전달하고 싶은 내용을 잘 정리해서 표현했어요?
2. 어휘와 표현을 정확하게 사용했어요?

 비즈니스 문화

메신저 예절

이번 단원에서는 메신저 예절을 알아보겠습니다.

메신저는 모든 세대가 전화보다 더 자주 사용하는 의사소통 방법으로 한국 회사에서도 많이 사용됩니다. 아래의 메신저 예절을 기억하여 원활한 업무 메신저 활동에 도움이 되기를 바랍니다.

1. 메신저는 가능하면 업무 시간 안에 보냅니다. 급한 업무가 아니라면 밤늦은 시간이나 이른 아침에는 메신저를 보내지 말고, 특히 단체 메신저방에서 더욱 주의해야 합니다. 개인적인 일은 개인 메신저를 이용합니다.

2. 업무 메신저에 많은 이모티콘을 사용하면 업무를 대하는 진정성에 의심을 받게 됩니다. 'ㅎㅎ, ㅇㅋ, ㅠㅠ, ~~, …' 와 같은 표현 역시 업무 메신저에서는 사용하지 않는 것이 좋습니다.

3. '알겠습니당, 넹넹, 아라써요, 마자요' 같은 표현은 업무 메신저에서 사용하지 않도록 주의합니다. 업무용 줄임말은 나와 메신저를 하는 상대방이 서로 아는 표현일 경우에 사용합니다.

4. 상대방의 메신저를 받은 후 특별히 전달할 내용이 없어도 '네, 알겠습니다.'로 간단히 대답을 합니다. 이는 효율적인 업무를 하기 위한 것으로 상사와 메신저를 주고 받을 때는 더욱 신경써야 합니다.

5. 메신저로 파일을 보내기 전에 파일 안내에 대한 메시지를 먼저 보냅니다. 그럼 받는 사람이 당황스러워하는 상황을 피할 수 있습니다.

4 요약 업무

주요 기사 요약문 쓰기
전략: 중심 내용과 세부 내용 구분하기

태국 'K-박람회' 성공, 코트라와 155개 한국 회사 참여

문서 번호: 민카인 / Ka Ka-6 (525/2024)
작성 일자: 20XX. 03.21

1. 코트라는 한국 정부 4개 부처와 함께 태국 방콕에서 케이(K)-박람회를 성공적으로 마쳤다.
   ○ 태국 내 한류 동호인 수는 약 1700만명으로 동남아시아에서 가장 많은 인원
   ○ 박람회 장소는 태국 방콕 컨벤션 센터, 박람회 일정은 3월 9~12일(현지시간)

2. 3월 9,10일에는 155개 한국 회사가 참여한 수출 상담회를 열었으며, 태국과 함께 주변 나라의 바이어 350개사가 참가했다.
   ○ 참가한 한국 회사: 뷰티(52개), 패션(31개), 농식품, 수산식품, 문화콘텐츠 관련 회사

3. 태국을 시작으로 베트남(6월, 호치민), 인도네시아(9월, 자카르타), 프랑스(12월, 파리)에서 박람회가 개최될 예정이다.

인사이드뉴스(http://www.insidenews.com)
문진하 기자 | 20XX. 03. 19. 10:03

 요약문이란?

요약문은 글의 중요한 정보를 정리하여 간단히 전하기 위한 문서입니다. 해외의 한국 회사에서 수행하는 문서 업무로 주요 공고나 언론의 기사를 선정하여 작성합니다.

💯 **요약문은 어떻게 작성할까요?**

▷ 중심 내용은 요약문 제목과 첫번째 문장에 쓰고, 세부 내용은 그 아래에 씁니다.
▷ 제목 아래 이름과 작성 일자를 적고, 문서 아래에 기사의 출처 정보를 정확하게 씁니다.

□ 다음은 뉴스 기사와 기사를 요약한 요약문입니다. 글을 읽고 아래 질문에 답해 보십시오.

문진하 기자 | 승인 20XX. 03. 19. 10:03 | 댓글 3

태국 'K-박람회' 성공, 코트라주관 155개 한국 회사 참여

코트라는 한국 정부 4개 부처와 함께 태국 방콕에서 9~12일(현지시간) 나흘간 '케이(K)-박람회'를 열었다고 밝혔다. 한류 문화콘텐츠와 상품을 연결한 '한류 종합박람회'를 연 것이다.

코트라는 태국의 한류 동호인 수는 약 1700만명으로 동남아시아에서 가장 크다고 했다. 한류가 시작되던 2000년 초반과 다르게 최근 동남아시아에서의 한류 문화콘텐츠 소비는 매우 광범위하게 이어지고 있다.

9,10일에 태국 방콕 컨벤션 센터에서 뷰티, 패션, 농식품, 수산식품 등의 상품과 함께 문화콘텐츠 관련 상품 수출상담회를 열었다. 수출상담회에는 155개사가 참여하였고, 이 중 뷰티 52개, 패션 31개로 가장 높은 참여율을 보였다. 또한 태국뿐 아니라 주변 나라들의 바이어 350개사도 참가해 한류의 관심과 인기를 실감할 수 있었다.

코트라 박민성 과장에 따르면 K-박람회는 태국을 시작으로 베트남(6월, 호치민), 인도네시아(9월, 자카르타), 프랑스(12월, 파리)에서 개최될 예정이다.

태국 방콕 K-박람회를 위해 바이어들이 입장하고 있다.

인사이드뉴스(HTTP://WWW.INSIDENEWS.COM)

태국 'K-박람회' 성공, 코트라와 155개 한국 회사 참여

문서 번호: 민카인 / Ka Ka-6 (525/2024)
작성 일자: 20XX. 03.21

1. 코트라는 한국 정부 4개 부처와 함께 태국 방콕에서 케이(K)-박람회를 성공적으로 마쳤다.
○ 태국 내 한류 동호인 수는 약 1700만명으로 동남아시아에서 가장 많은 인원
○ 박람회 장소는 태국 방콕 컨벤션 센터, 박람회 일정은 3월 9~12일(현지시간)

2. 3월 9,10일에는 155개 한국 회사가 참여한 수출 상담회를 열었으며, 태국과 함께 주변 나라의 바이어 350개사가 참가했다.
○ 참가한 한국 회사: 뷰티(52개), 패션(31개), 농식품, 수산식품, 문화콘텐츠 관련 회사

3. 태국을 시작으로 베트남(6월, 호치민), 인도네시아(9월, 자카르타), 프랑스(12월, 파리)에서 박람회가 개최될 예정이다.

인사이드뉴스(http://www.insidenews.com)
문진하 기자 | 20XX. 03. 19. 10:03

- 요약문의 중심 내용이 무엇입니까?
- 요약문에는 기사 외에 어떤 정보들이 있습니까?

요약문에 사용되는 어휘를 알아봅시다.

| 요약하다 | 참가하다 | 개최되다 | 실감하다 | 달성하다 | 입장하다 |

1. 다음 뜻에 알맞은 어휘를 찾아 써 보십시오.

1) 실제로 경험하는 것 같은 느낌을 받다 _____

2) 말이나 글의 중심 내용을 정리하다 _____

3) 어떤 장소 안으로 들어가다 _____

4) 어떤 일이나 모임, 또는 행사에 들어가다 _____

5) 큰 행사나 모임이 시작되거나 열리다 _____

6) 목적이나 원하는 것을 이루다 _____

2. 위의 어휘 중 알맞은 것을 골라 문장을 완성해 보십시오.

1) 이번 K-박람회에는 동남아시아 국가의 바이어 350개사가 (   ).

2) K-박람회는 태국을 시작으로 베트남, 인도네시아, 프랑스에서 (   ) 예정입니다.

3) 155개의 다양한 분야의 한국 회사가 참여하고, 주변 국가들의 바이어들이 방문하여 한류의 관심과 인기를
   (   ). 내년 박람회 때는 우리 회사도 참여하여 해외시장 진출의 목표를 (   )싶습
   니다.

4) 바이어들이 수출상담을 위해 컨벤션 센터의 박람회장으로 (   ) 있습니다.

5) 다른 회사와의 미팅으로 이번 주 회의에 참석하지 못했습니다. 그래서 최 대리님께서 회의의 주요 내용을
   (   ) 말씀해 주셨고, 그 내용으로 업무 계획을 세우려고 합니다.

에 따르면 · 와/과 다르게

• **에 따르면**

명사와 함께 사용해서 내용의 출처를 표현합니다. 한 문장에서 '-는다고/ㄴ다고/다고 합니다' 와 함께 사용
되기도 합니다.

예문) 5일 기사에 따르면 이번 홍수로 도로가 끊어졌다고 합니다.

• **와/과 다르게**

다른 두 개의 명사를 비교하여 어떤 상태나 상황을 표현합니다.

예문) 영업부와 다르게 우리 부서는 새로운 제품을 기획하고 연구하고 있습니다.

1. 다음 내용과 '에 따르면'을 사용해서 한 문장으로 써 보십시오.

1) 뉴스 / 올해 기업들의 신입사원 채용 계획이 발표되었다.

_____

2) 홍보팀 보고서 / 이번 신제품에 대한 문의와 판매량이 증가하고 있다.

_____

3) 3월 둘째 주 회의일지 / 이번 달까지 전 직원들이 월간업무일지를 제출해야 하다.

_____

4) 날씨예보 / 이번 주 금요일 일부 지역에 폭우가 내리다.

_____

2. 다음 내용과 '와/과 다르게'를 사용해서 문장을 써 보십시오.

기후	덥다(우리나라)	춥다(한국)	☀
분위기	전통적이다(고향)	현대적이다(도시)	🏢
주요 업무	자금 관리(총무부)	제품 연구(기획부)	🖐
나의 모습	5년 전	현재	👍

1) 우리나라와 다르게 한국의 기후는 춥습니다.
_____

2) _____
_____

3) _____
_____

4) 현재의 나는 5년 전과 다르게
_____

3. 다음은 직장인들 대상으로 조사한 급여 투자 현황입니다. 위의 문법을 사용해서 현재와 6년 전의 그래프 정보를 써 보십시오.

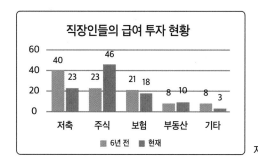

자료 출처: 채용한국 사이트(성인남녀 직장인 730명 대상)

채용한국 사이트에서 성인남녀 730명을 대상으로 직장인들의 급여 투자 현황을 조사하였습니다.
_____

조사 결과에 따르면
_____

_____

그러나 현재에는 주식이 가장 높은 순위로 나타났습니다.
_____

▷ 요약문을 쓸 때는 먼저 글의 중심 내용과 세부 내용을 찾습니다.
▷ 중심 내용과 세부 내용은 숫자나 기호를 사용해 구분하여 씁니다.

1. 다음 글을 읽고 중심 내용과 세부 내용을 찾아 표를 완성해 보십시오.

스마트폰은 다양한 기능을 편리하게 제공하는 디지털 기기입니다. 스마트폰은 일상생활에서 필수품이 되었으며 소통, 정보 수집, 생활 관리 등 다양한 용도로 사용되고 있습니다.

스마트폰의 인터넷 연결을 통해 더욱 다양한 정보과 기회를 얻을 수 있습니다. 웹 브라우저를 통해 알고 싶은 정보를 검색할 수 있고, SNS에서 새로운 친구를 사귀고 자신의 일상에 대한 사진이나 동영상을 공유하며 친분을 쌓아갑니다. 그리고 복잡한 회사 업무와 함께 은행 업무와 기본 민원 업무도 처리할 수 있습니다. 스마트폰을 이용해서 급한 업무를 문제 없이 수행하고, 은행에 가지 않고 편안하게 내 손 안의 작은 은행을 만들 수 있습니다. 데이터 통신의 발달로 인해 이 모든 서비스를 빠르고 안정적으로 제공받습니다. 그러나 이러한 편리함은 해킹으로 나의 개인 정보가 다른 사람에게 넘어가서 큰 피해를 당할 수 있는 위험 또한 가지고 있습니다.

이뿐만이 아니라 스마트폰은 GPS를 활용하여 현재 위치 검색과 길 찾기가 가능하며 실제 모습과 유사한 지도를 제공하기도 합니다. 또한 나의 건강과 신체 활동을 기록하고 관리하여 건강 상태를 파악할 수도 있습니다.

제 목	
중심 내용	1.
세부 내용	2. 스마트폰의 인터넷 연결을 통해 더욱 다양한 정보와 기회를 얻을 수 있다.
	○
	○
	3.
	○
	○
	4. GPS를 활용한 길 찾기와 위치 검색이 가능하며, 실제와 유사한 지도를 제공한다.
	5.

□ 요약문을 쓰기 위한 준비를 합니다. 아래 기사를 읽고 중심 내용과 세부 내용을 찾아 밑줄을 그어 보십시오.

THE PRESS

NEWSLETTER

원툰 기자 | 입력 20XX. 4. 3. 2:52 HTTP://WWW.INSIDEVINA.COM

호이반시, 내년 경제성장률 5.8% 목표, 정부회의 승인

호이반시 국제회의장 전경

호이반시가 내년 도시 GRDP(지역 내 총생산) 성장률의 목표를 5.8%으로 발표했다. 호이반시에 따르면 올해 GRDP성장률은 세계적인 불경기로 처음 목표인 7.5~8%와 다르게 5.8%에 그칠 것으로 예상하였다.

경제 도시이자 관광 도시인 호이반시는 국가 경제 성장의 중심 역할을 하고 있다. 통계부에 따르면 지난 3년간 호이반시의 국가 GDP(국내총생산)의 기여분은 각각 21.8%, 15.5%, 15.6%를 기록하였다. 호이반시는 세수 확보와 더불어 각 부문의 주요 사업에 집중하여 내년 경제 지표 목표 달성에 주력할 계획이다.

구체적으로 호이반시는 관광지 개발과 음식업 위생 교육을 통해 내년 외국인 관광객 600만 명의 유치로 관광 매출의 증가, 취업 기회와 국민 건강을 위한 인프라 투자로 지역 발전의 균형과 함께 지방 디지털화 전환 달성 등을 주요 목표로 하고 있다.

사회부문에서는 신규 일자리 14만 개 창출과 특별 개발 지역인 투득시(THU DUC), 혹몬현(HOC MON), 꾸찌현(CU CHI)의 종합병원 설립이 주요 목표이다. 이와 함께 행정개혁 부문은 100% 온라인 행정 공공서비스 제공과 행정 업무의 시민 만족도 95% 달성을 목표로 한다.

앞에서 정리한 내용을 요약문 양식에 맞추어 써 보십시오.

문서 번호: _____ / Ka Ka-6 (525/20XX)

작성 일자: _____

|

☑ 글을 다시 검토해 보십시오.

1. 기사의 중심 내용을 정확하게 작성했어요?

2. 기사의 세부 내용을 잘 정리해서 작성했어요?

쓰기 후 활동

 비즈니스 문화

문서 업무

회사에서 어떤 문서를 작성하든 가장 중요한 것은 간결함입니다.

간결함이란 필요한 것을 놓치지 않으면서 간단하고 깔끔함을 뜻합니다.

이를 위해 숫자나 기호를 사용해서 **목록(리스트)**을 만들어 독자가 정보를 쉽고 빠르게 찾아 읽을 수 있도록 돕습니다. 목록을 구성하기 위해 필요한 사항들을 아래 간결하게 적어 보겠습니다.

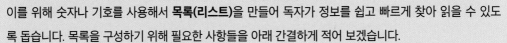

1. 문서의 목록은 숫자나 기호를 사용해서 작성합니다. 입사를 하면 회사에서 사용하는 문서의 형식을 꼼꼼히 확인하고, 그에 맞는 문서 작성 방식을 연습합니다.

2. 한국에서는 날짜를 쓸 때 **'년도 - 월 - 일'** 순서로 씁니다. 아래 세 가지 방식을 많이 사용합니다.
   1) 20XX년 4월 5일   2) 20XX. 4. 5.   3) 20XX. 4. 5. (금)

3. 문서에는 세 가지 이상의 색을 사용하지 않습니다. 너무 많은 색을 사용하면 읽기에 집중하기 어렵습니다.

4. 문서를 작성할 때 내용을 강조하기 위해서 중요 어휘나 문장에만 **굵게,** 또는 밑줄을 긋거나 색상을 바꾸어 쓰기도 합니다.

여러분이 원하는 기사를 선택하고 요약문을 써 보십시오,

전문어휘가 너무 많이 사용된 기사는 먼저 내용을 이해한 후에 요약해야 합니다.

사용 가능한 컴퓨터 프로그램에 연결한 후 요약문을 작성해 보십시오.

Date _____

Name _____

5 보고 업무 1

보고서 작성하기
전략: 정보를 항목별로 묶어서 구성하기

결과보고서			직원			
		결재	에인드라 카잉			

부서	관리개발부	직위		직원	작성자	에인드라카잉
보고 목적	20XX년 10월 현지 스마트폰 시장 현황조사				비고	전자대리점 대상
진행 기간	20XX. 10. 01 ~ 20XX. 10. 30					

1. 스마트폰 출시 현황

품번	회사명	품명	판매가(KYAT)	성능
1	경쟁사 A	A200C-128	820,900	일반형 기본 기능
2	경쟁사 B	SA1031101	1,235,000	어린이 안전 기능
3	경쟁사 C	OP9234B1	1,637,000	펜 포함, 시력 보호 기능

2. 소비자 인기 스마트폰 현황

품번	회사명	품명	판매가(KYAT)	의견
1	자사	SS8801239	998,500	직사각형의 새로운 디자인과 화질 개선, 적절한 판매가로 문의량 급증
2	경쟁사 A	A200C-128	820,900	저렴한 제품으로 판매율 증가
3	경쟁사 D	XU100604-22023	2,117,000	다양한 성능의 고가 제품으로 젊은 세대에게 인기 상승 중

특이사항
- 10월 연휴 기간 동안 스마트폰 판매율이 평소 2.5배 이상 증가하였음.
- 스마트폰 사용률 증가로 배터리 크기와 지속력에 대한 문의가 늘어남.
  → 자사 배터리 기능 점검과 서비스 센터의 배터리 관련 서비스 파악이 필요함.

보고서란?
보고서는 다양한 정보를 보기 쉽게 정리하여 전달하는 문서로 회사에서 가장 많이 사용됩니다.

💯 보고서는 어떻게 작성할까요?
▷ 보고서의 목적과 기본 정보를 가장 위에 적고 나머지는 보고서 양식에 맞추어 적습니다.

▷ 읽는 사람이 중요한 정보를 빠르게 볼 수 있도록 표를 활용합니다.

▷ 일반 문장보다 명사형의 문장을 자주 사용합니다.

□ 다음은 시장 조사 결과보고서입니다. 잘 읽고 아래 질문에 답해 보십시오.

결과보고서		직원		
	결재	에인드라 카잉		

부서	관리개발부	직위	직원	작성자	에인드라카잉
보고 목적	20XX년 10월 현지 스마트폰 시장 현황조사			비고	전자대리점 대상
진행 기간	20XX. 10. 01 ~ 20XX. 10. 30				

1. 스마트폰 출시 현황

품번	회사명	품명	판매가(KYAT)	성능
1	경쟁사 A	A200C-128	820,900	일반형 기본 기능
2	경쟁사 B	SA1031101	1,235,000	어린이 안전 기능
3	경쟁사 C	OP9234B1	1,637,000	펜 포함, 시력 보호 기능

2. 소비자 인기 스마트폰 현황

품번	회사명	품명	판매가(KYAT)	의견
1	자사	SS8801239	998,500	직사각형의 새로운 디자인과 화질 개선, 합리적인 판매가로 문의량 급증
2	경쟁사 A	A200C-128	820,900	저렴한 제품으로 판매율 증가
3	경쟁사 D	XU100604-22023	2,117,000	다양한 성능의 고가 제품으로 젊은 세대에게 인기 상승 중

특이사항

- 10월 연휴 기간 동안 스마트폰 판매율이 평소 2.5배 이상 증가하였음.
- 스마트폰 사용률 증가로 배터리 크기와 지속력에 대한 문의가 늘어남.
  → 자사 배터리 기능 점검과 서비스 센터의 배터리 관련 서비스 파악이 필요함.

- 보고서의 목적이 무엇입니까?
- 두 가지 보고 내용은 무엇입니까?
- 특이사항의 중심 내용은 무엇입니까?

어휘 익히기

보고서에 사용되는 어휘를 알아봅시다.

| 현황 | 비고 | 경쟁사 | 자사 | 특이사항 | 개선하다 | 급증하다 | 파악하다 |

1. 다음 뜻에 알맞은 어휘를 찾아 써 보십시오.

1) 갑자기 양이나 비율이 늘어나다

_____

2) 어떤 내용을 확실하게 이해하여 알다

_____

3) 현재의 상황이나 상태

_____

4) 내가 일하고 있는 회사

_____

5) 주제 또는 일반적인 상황과 관계 없는 특별한 내용

_____

6) 잘못되거나 부족한 점을 고쳐서 더 좋게 만들다

_____

7) 내가 일하는 회사와 경쟁 관계의 회사

_____

8) 문서에서 추가로 도움이 되는 정보를 적는 곳

_____

2. 위의 어휘 중 알맞은 것을 골라 문장을 완성해 보십시오.

1) 저는 이번에 현지 스마트폰 시장 (   )을/를 조사하였습니다.
   새로 나온 스마트폰은 (   )인 다른 회사들의 제품들이 많이 보였습니다.

2) 연구개발 2팀에서 만든 (   ) 제품은 스마트폰 화질을 더욱 선명하게 (   )
   소비자 인기 1위 제품이 되었습니다.

3) SNS와 동영상 시청 증가로 스마트폰 배터리 문의가 (   )고 있습니다.
   미리 배터리 관련 서비스 현황을 (   ).

4) 노트북이나 태블릿 같은 전자제품 시장은 별다른 (   )이/가 발견되지 않았습니다.

명사형 문장

명사형 문장은 회사에서 문서를 작성할 때 많이 사용됩니다. 이는 전하고 싶은 내용을 간단히 정리하여 신속하게 문서를 작성하고 전달할 수 있는 장점이 있습니다.

'-(으)ㅁ'을 사용해서 명사형 문장을 만들며, '하다' 어휘는 '-(으)ㅁ'을 사용하지 않고 문장을 만들기도 합니다.

지진이 발생하면 머리를 보호하는 것이 가장 중요하다.

A 지진이 발생하면 머리를 보호하는 것이 가장 중요함.

B 지진이 발생하면 머리를 보호하는 것이 가장 중요

1. 다음 문장을 명사형 문장으로 바꾸어 보십시오.

1) 보고서 작성 후에 말로 설명하며 보고 내용과 표현을 확인하는 것을 추천합니다.

A

B

2) 최근 설문조사에서 대학생들이 가장 선호하는 직업은 공무원, 교사,의사 순으로 나왔습니다.

A

3) 오원 시는 구직자들을 위해 다양한 취업 프로그램을 운영하고 있습니다.

A

B

전략 익히기

▷ 읽는 사람이 쉽고 빠르게 이해하도록 정보를 항목 별로 묶어서 적습니다.

1. 다음 글을 읽고 아래 표에 항목 별로 정보를 적어 보십시오.

커리어 플랫폼이 올 한해 면접관으로 참여한 경험이 있는 직장인 383명을 대상으로 "최고와 최악의 면접자 유형"을 주제로 설문조사를 실시했다.

먼저 면접 지원자 중 최악으로 생각하는 유형으로는 면접에 늦는 게으른 지원자가 40.7%로 가장 높게 나왔다. 다음으로 지원하는 기업에 대한 성의나 정보가 부족한 지원자(24%), 자신감이 없는 지원자(20.1%), 질문과 상관없는 대답을 하는 지원자(18.5%)가 각 2,3,4위를 차지했다.

그렇다면 면접관들은 어떤 유형의 지원자들에게 높은 점수를 줄까? 지원 분야의 경험이 풍부하여 어떤 일을 맡겨도 잘 할 것 같은 지원자(48%), 예의 바르고 성실해 보이는 지원자(37.4%), 친화력이 좋고 대인관계가 원만해 보이는 지원자(36.6%), 협조적이고 조직문화에 잘 적응할 것 같은 지원자(30.7%) 등을 꼽았다.

한편, 면접관에게 좋은 점수를 얻기 위해서는 면접 초반에 집중해야 할 것으로 보인다. 합격과 불합격을 판단하는 시간은 초반 10분 내외인 것으로 나타났다. 특히 불합격을 판단하는 시간은 약 9분으로 합격자를 결정하는 시간인 12분보다 빨랐다.

최악의 지원자 유형	1. 2. 지원하는 기업에 대한 성의나 정보가 부족한 지원자(24%) 3. 4.
최고의 지원자 유형	1. 지원 분야의 경험이 풍부하여 어떤 일을 맡겨도 잘 할 것 같은 직원(48%) 2. 3. 4.
특이사항	• • 지원자의 합격과 불합격을 판단하는 시간은 ( )분 내외이다.

□ 쓰기 주제와 상황을 확인합니다. 그리고 개요를 작성하기 전에 필요한 정보를 찾아 보십시오.

여러분은 '하나 푸드'의 해외 영업팀 사원으로 입사하였습니다.

'하나푸드'는 다양한 나라들의 음식 문화 특징을 조사하고, 이와 어울리는 한국의 음식과 맛을 연구하여 한국 식당을 창업하는 회사입니다.

젊은 사람들이 많이 가는 거리나 쇼핑센터에 가서 그 곳의 한국식당과 메뉴를 조사 후 보고서를 작성합니다. 한국식당에서 판매되는 음식과 소비자에게 인기 있는 음식을 알아본 후 그 정보를 아래 표에 정리합니다.

□ 위의 조사로 찾은 정보를 정리해서 개요를 작성해 보십시오.

	식당명	품명	판매가	특징 및 의견
한국식당 판매 음식현황				
소비자 인기 음식현황				
특이 사항				

앞에서 작성한 개요를 참고해서 보고서를 작성해 보십시오.

결과보고서	결재	담당	과장	부장

부서	연구개발부	직위		작성자	
보고 목적	한국식당 및 인기 음식 시장조사			비고	
진행 기간					

1. 한국식당의 판매 음식 현황

품번	식당명	품명	판매가( )	특징
1				
2				
3				

2. 소비자 인기 음식 현황

품번	식당명	품명	판매가( )	의견
1				
2				
3				

특이사항

☑ **글을 다시 검토해 보십시오.**

1. 음식 현황의 정보를 정확하게 작성했어요?

2. 작성자의 의견과 특이사항을 간결하게 전달했어요?

자가 점검표

1. 조사 기본 정보(대상, 기간 등)를 정확하게 작성했어요?

2. 앞에서 공부한 어휘와 표현을 사용했어요?

3. 명사형 문장과 함께 틀린 글자나 표현이 없는지 확인했어요?

상호 점검표

1. 보고서의 목적과 중요 내용을 이해할 수 있게 작성했어요?

2. 어휘와 표현을 정확하게 사용했어요?

 비즈니스 문화

보고 문화

한국 회사의 보고 문화를 알아 볼까요?

먼저 보고의 방식은 문서를 전하는 문서 보고와 말로 전하는 구두 보고가 있습니다.

① 문서 보고　　② 구두 보고

✓ **대부분의 회사는 보고서를 작성하여 문서 보고를 합니다.**

그러나 궁금한 점이나 추가 의견을 전달하고 싶을 때, 또는 상사가 원한다면 구두 보고를 합니다.

보고서를 전달할 때에는 이메일이나 메신저로 전송하기도 하고, 보고서를 출력하여 얼굴을 보며 전달하기도 합니다. 이 때 보고서의 중심 내용을 간단하게 구두 보고합니다.

따라서 보고서를 작성할 때는 보고서의 내용을 기억하고 있는 것이 좋습니다.

➕ 더 쓰기 활동

글을 검토한 후 다시 써 볼까요?

QR코드를 스캔하여 컴퓨터 문서 양식에 연결한 후 앞에서 작성한 보고서를 컴퓨터로 작성해 보십시오.

6 보고 업무 2

주간업무일지 작성하기
전략: 업무의 내용과 과정 생각하기

주간업무일지 20XX년 5월 27일 (월요일)			결 재	담당	과장	부장

구분	업무 내용				
	부서	관리팀		작성자	촛티몬 차이쯔야
금 주 업 무	5/20 (월)	- 오전 사무실 전체 부서 주간 회의 참석 - 본사에 생산 계획서&구매 의뢰서 이메일 전달 - 주말 주요 기사 검색 후 요약문 작성			
	5/21 (화)	- 생산 라인 점검 및 회의 참석 - 물류 거래처 미팅 - 박 과장님과 은행 외근 업무			
	5/22 (수)	- 본사 구매 의뢰 재요청&생산 일정 문의 이메일 전달 - 생산2팀 회의 참석 후 회의 내용 관리팀에 보고서 전달 - 물류 회사 방문 결과보고서 작성 후 제출			
	5/23 (목)	- 주요 기사 검색 후 요약문 작성 - 포장재 거래처 방문 후 샘플 본사 전달 준비 - 관리팀 오후 회의 참석 후 회의록 작성			
	5/24 (금)	- 필요 물품 발주서 작성 후 제출 - 본사와 화상미팅(구매 물품 최종 확인, 태국 관리팀 직원의 담당 업무 안내) - 주간생산일지 작성 후 본사 이메일 전달			
차 주 업 무	1. 발주서 결재 후 발주 준비, 경리팀에 필요 금액 미리 안내하기 2. 물류 거래처 결정 후 미팅 일정 문의하기 3. 포장재 샘플 본사 발송 후 결재 확인하기 4. 본사 관리팀 업무별 담당 직원 변경 내용을 문서 정리 후 현지 관리팀에 안내하기				
비 고	• 5월 29일 가족 행사로 휴가 신청(결재 완료) • 5월 30일 오전 10시 30분 관리팀과 생산2팀 전체 회의				

주간업무일지란?

주간업무일지는 한 주의 업무 내용과 업무 계획을 작성하는 문서로, 직원의 업무와 업무 진행의 방향을 확인하는 문서입니다. 현재 하고 있는 업무를 적고 그 내용을 중심으로 다음 주 업무 계획을 세워야 하기 때문에 앞뒤의 내용을 비교하여 연결이 되도록 써야 합니다.

💯 주간업무일지는 어떻게 작성할까요?

▷ 요일별 업무는 시간 순서대로 정리하고, 특별하거나 중요한 업무 중심으로 적습니다.

▷ 문장은 명사형으로 간단하게 쓰고, 과거 - 현재 - 미래의 업무 내용을 비교하여 연결합니다.

□ 다음은 주간업무일지입니다. 잘 읽고 아래 질문에 답해 보십시오.

주간업무일지 20XX년 5월 27일 (월요일)		결 재	담 당	과 장	부 장

구분	업 무 내 용				
	부서	관리팀	작성자	촛티몬 차이쯔야	
금 주 업 무	5/20 (월)	- 오전 사무실 전체 부서 주간 회의 참석 - 본사에 생산 계획서&구매 의뢰서 이메일 전달 - 주말 주요 기사 검색 후 요약문 작성			
	5/21 (화)	- 생산 라인 점검 및 회의 참석 - 물류 거래처 미팅 - 박 과장님과 은행 외근 업무			
	5/22 (수)	- 본사 구매 의뢰 재요청&생산 일정 문의 이메일 전달 - 생산2팀 회의 참석 후 회의 내용 관리팀에 보고서 전달 - 물류 회사 방문 결과보고서 작성 후 제출			
	5/23 (목)	- 주요 기사 검색 후 요약문 작성 - 포장재 거래처 방문 후 샘플 본사 전달 준비 - 관리팀 오후 회의 참석 후 회의록 작성			
	5/24 (금)	- 필요 물품 발주서 작성 후 제출 - 본사와 화상미팅(구매 물품 최종 확인, 태국 관리팀 직원의 담당 업무 안내) - 주간생산일지 작성 후 본사 이메일 전달			
차 주 업 무	1. 발주서 결재 후 발주 준비, 경리팀에 필요 금액 미리 안내하기 2. 물류 거래처 결정 후 미팅 일정 문의하기 3. 포장재 샘플 본사 발송 후 결재 확인하기 4. 본사 관리팀 업무별 담당 직원 변경 내용을 문서 정리 후 현지 관리팀에 안내하기				
비 고	• 5월 29일 가족 행사로 휴가 신청(결재 완료) • 5월 30일 오전 10시 30분 관리팀과 생산2팀 전체 회의				

• 금주(이번 주)와 차주(다음 주)에 이어서 진행되는 업무가 있습니까? 찾아서 밑줄을 그어 보십시오.
• 문서에 사용한 문장의 형식을 확인해 보십시오.

보고서에 사용되는 어휘를 알아봅시다.

구매 의뢰서   발주서   작성하다   생산하다   검색하다   제출하다   변경하다

1. 다음 뜻에 알맞은 어휘를 찾아 써 보십시오.

1) 회사에서 업무에 필요한 물품을 주문하기 위해 작성하는 문서   _____

2) 필요한 다양한 물건을 만들어 내다   _____

3) 전과 다르게 바꾸어 새롭게 하다   _____

4) 회사에 물품의 정보를 전달하여 구매를 요청하기 위해 작성하는 문서   _____

5) 정해진 양식에 맞춰 내용을 써서 문서를 만들다   _____

6) 서류나 의견 등을 요구하는 곳에 전달하다   _____

7) 필요한 자료나 정보를 책이나 컴퓨터에서 찾다   _____

2. 위의 어휘 중 알맞은 것을 골라 문장을 완성해 보십시오.

1) 다음 생산을 위해 미리 자재를 구매해야 합니다. 먼저 본사에 (   )을/를 전달한 후 승인이 되면

   (   )을/를 작성하여 관리팀 과장님께 (   ).

   이 때 경리팀에 자재를 구매할 예정임을 알리고 필요한 비용을 준비하도록 합니다.

2) 목요일 오후에는 관리팀 전체 회의를 참석한 후에 회의록을 (   ).

3) 일주일에 두 번 업무와 관련된 주요 기사를(   ) 한국어로 번역한 요약문을 작성해야 합니다.

4) 우리 회사는 스마트폰 배터리에 들어가는 부품을 (   ).

5) 포장재 거래처를 (   )기 위해서 여러 업체를 방문하여 샘플을 받았습니다. 다음 주에는 샘플을

   한국 본사로 발송한 후 결정된 내용을 확인해야 합니다.

-(으)ㄴ 후에·후에

동사와 함께 사용해서 그 다음 행동이나 상황을 표현합니다. '하다' 동사로 명사형 문장을 만들 때는 '후에' 문법을 사용하기도 하며, 이 때 동사 앞 어휘의 '을/를' 문법을 생략하여 더 간단한 문장을 만들 수 있습니다.

▶ '하다'동사: 작성하다, 회의하다, 검색하다 등

결과보고서를 작성합니다. 그리고 결재를 받기 위해 과장님께 전달합니다.

문법 사용 문장]　　결과보고서를 작성한 후에 결재를 받기 위해 과장님께 전달합니다.
↓
문법 + 명사형 문장1]　　결과보고서를 작성한 후(에) 결재를 받기 위해 과장님께 전달함.
↓
문법 + 명사형 문장2]　　결과보고서 작성 후 결재를 받기 위해 과장님께 전달

1. 다음 두 문장을 '-(으)ㄴ 후에' 또는 '후에'를 사용해서 한 문장으로 바꾸어 보십시오.

1) 업무를 시작하기 전에 해야 할 일들을 중요한 순서대로 정리합니다. 그리고 퇴근하기 전에 끝낸 업무와 끝내지 못한 업무를 확인합니다.

2) 업무 지시를 받을 때는 메모지와 펜을 준비합니다. 그런 다음 지시를 들으면서 업무 내용을 간단하게 메모합니다.

3) 주간업무일지는 지난 주의 업무와 연결해서 이번 주에 한 주요 업무들을 작성합니다. 그리고 나서 다음 주에 해야 하는 업무 계획을 작성합니다.

전략 익히기

▷ 수행 업무의 내용과 과정을 생각하여 업무일지를 씁니다.
▷ 평소에 자신의 업무를 적극적으로 계획하고 실천하는 태도가 필요합니다.

1. 다음 글을 읽고 글의 내용에 맞게 그림의 순서를 매겨 보십시오.

어제는 잠이 잘 안 와서 밤늦게까지 영상을 시청했습니다. 그러다가 영화까지 보게 되었고 결국 잠을 거의 못 잤습니다. 그런데 문제는 아침에 일어났습니다. 일어나니 시간은 오전 8시 45분, 9시까지 출근해야 하는데 15분밖에 남지 않았습니다. 부랴부랴 준비해서 택시를 타고 회사에 도착하니 이미 시간은 10시. 사무실에 조용히 들어가니 박 과장님께서 책상에 앉아 한숨을 푹 쉬고 계십니다. 어제 제가 왜 그랬을까요?

(   )   (5   )   (   )   (   )   (   )

2. 다음은 한국어 공부에 대한 상담 요청글입니다. 글을 읽고 아래 질문에 답하십시오.

안녕하세요? 저는 인도네시아에 사는 21살 주디예요.

저는 작년 가을부터 한국어를 공부하고 있고, 제 꿈은 한국 회사에 들어가서 한국과 관련된 일을 하는 거예요.

K-팝과 K-드라마를 너무 좋아해서 한국어를 공부하기 시작했고, 이번 학기부터 중급반에서 공부를 하는 중이에요. 초급반에서 공부할 때는 드라마에서 많이 들어 익숙한 어휘나 표현들을 공부해서 어렵지 않았어요. 그런데 중급반에서 한국어 공부를 하니까 어휘나 문법들이 점점 어려워지고 공부 시간도 길어져서 가끔 힘들 때도 있어요. 그래서 처음 한국어 공부를 시작했을 때의 마음을 생각하며 매일 30분씩 한국어 공부하기 계획을 세웠어요. 수업이 끝나면 바로 숙제를 하고, 어휘 노트를 만들어 지금까지 공부한 어휘를 외우려고 노력해요. 제가 한국어 공부를 잘하고 있는 걸까요? 여러분들은 어떻게 공부하는지 궁금해요.

답장 기다릴게요!

1) 주디 씨의 고민은 무엇입니까?
2) 주디 씨의 공부 고민의 해결을 위해 무엇을 실천하고 있습니까?
3) 여러분은 주디 씨에게 어떤 공부 방법을 추천하고 싶습니까? 현재 여러분의 한국어 공부 방법을 주디 씨에게 전해 보십시오.

□ **여러분의 주간 플래너를 작성해 보십시오.**

아래의 표에 여러분이 이번 주에 한 중요한 일들과 한국어 공부 내용을 정리해서 적어 보십시오.
그리고 이번 주의 내용과 연결하여 다음 주의 계획과 특별한 내용도 함께 써 보십시오.

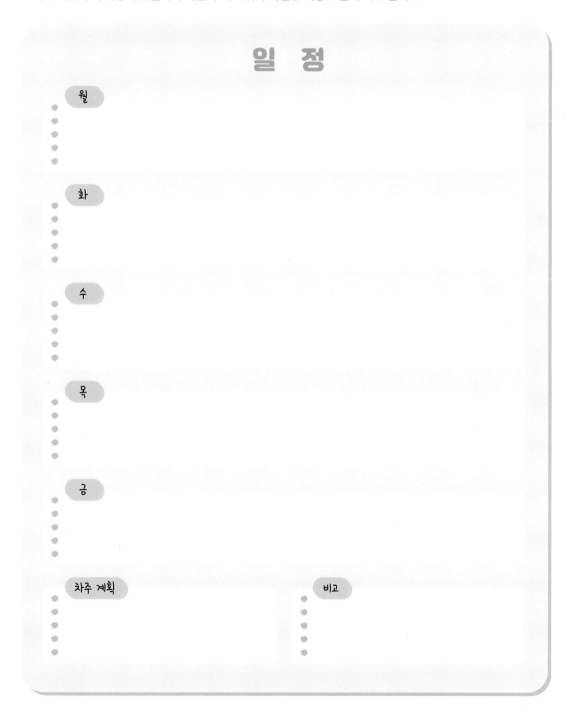

앞에서 작성한 주간 플래너를 참고하여 자신만의 '한국어 주간일지'를 작성해 보십시오. '-(으)ㄴ 후에' 또는 '후에'를 사용하여 명사형 문장으로 써 보십시오.

주간업무일지 년 월 일(요일)		결 재	담 당	과 장	부 장

구분	업 무 내 용				
	부서		작성자		
금 주 업 무	/ (월)				
	/ (화)				
	/ (수)				
	/ (목)				
	/ (금)				
차 주 업 무					
비 고					

✅ **글을 다시 검토해 보십시오.**

1. 일의 과정과 내용을 생각해서 이번 주와 다음 주의 일지를 작성했어요?

2. 중요한 일들을 시간 순서대로 정리해서 전달했어요?

1. 앞에서 공부한 어휘와 표현을 사용했어요?

2. 명사형 문장과 함께 틀린 글자나 표현이 없는지 확인했어요?

1. 업무의 내용과 과정을 연결해서 작성했어요?

2. 어휘와 표현을 정확하게 사용했어요?

 비즈니스 문화

한국인의 가치관

한국의 기업에서 직장 생활을 할 때 알면 도움이 되는 한국인의 가치관을 알아보겠습니다.
첫째는 시간 지키기, 둘째는 감사와 사과 표현입니다.

먼저 한국인들이 사회 생활을 할 때 가장 중요하게 생각하는 것은 '시간을 잘 지키는 것'입니다.
시간 약속을 잘 지킨다는 것은 나의 성실함, 책임감과 함께 상대방의 시간을 소중하게 생각한다는 배려를 보여주는 행동입니다. 근무하는 회사와 함께 일하는 사람들을 소중하게 생각하는 마음은 시간을 잘 지키는 행동에서부터 시작됩니다.
지각을 할 경우에는 출근 시간 전에 메시지를 보내거나 전화를 해서 지각하는 이유와 도착 예정 시간을 전하는 것이 좋습니다. 그리고 회사에 도착한 후 사과 표현을 하는 것을 추천합니다.

사회 생활에서 두 번째로 중요하게 생각하는 것은 '감사와 사과 표현'입니다.
여러분은 감사와 사과 표현이 어색한 분위기를 부드럽게 바꾸고, 문제를 해결하는 것을 본 적이 있을 것입니다. 한국에 '말 한마디로 천 냥 빚을 갚는다'라는 속담이 있습니다.
말 한 마디로 많은 금액의 빚을 갚았다는 뜻으로 '말의 중요성'을 강조하는 속담입니다. 그러나 반대로 말 한 마디로 다른 사람들의 기분을 나쁘게 하고, 문제를 더 크게 만들 수도 있는 '말의 위험성'을 전하기도 합니다.

다른 사람에게 고마움이나 미안함을 느낄 때는 감사와 사과 표현을 건네 보십시오.
이러한 표현을 잘하는 사람이 진정으로 자존감이 높은 사람, 마음이 강하고 넓은 사람입니다.

⊕ 더 쓰기 활동

글을 검토한 후 다시 써 볼까요?

QR코드를 스캔하여 컴퓨터 문서 양식에 연결한 후 앞에서 작성한 주간일지를 컴퓨터로 작성해 보십시오.

7 회의 업무

회의록 작성하기
전략: 소주제로 나누어 세부 내용 정리하기

				담당	팀장
회 의 록					
회의 일시	20XX년 12 월 5 일 (목) 오후 2:00	회의 장소	2층 생산팀 회의실		
작성 일자	20XX년 12 월 6일 (금)	회의록 작성자	정페이펑		
주관 부서	생산2팀	참석 인원	4명		
참 석 자	(1) 김준형 부장 (2) 박성일 과장 (3) 커신 관리팀 과장 (4) 정페이펑				
회의 안건	생산 현황 점검에 관한 협의				

회의 내용	**1. 12월 생산 현황**
	- 완료 예정 제품명: ENJ120A, ENJ220B, PA9900J, LB1250P 화이트,
	  PP9302B 500 블랙 500개
	- ENJ220B 12월 출고를 위한 야간 근무자 인원과 생산 라인의 확인 필요함.
	- PP9302B 완성 부품의 도착 일자를 관리팀에서 확인 후 빠른 조치를 전달함.
	- 관리팀에 제품 검사에 관한 일정과 담당자 확인 전달을 요청함.
	2. 1월 생산 계획
	- AA210B-1 원자재 도착 예정 일자: 12월 22일
	  → 관리팀에 도착 일자 재확인해야 함.
	- 본사에 AA210B-3 샘플의 최종 컨펌을 12월 13일까지 요청해야 함.
	  → 1월 13일 2번 라인에서 생산하기로 함.
	- 관리팀에 1월 선적 일정 전달을 요청함.
	3. 기타
	- 김준형 부장님 12월 15~19일 베트남 호치민 출장
	  → 금년 작업 샘플 15개 준비해야 함.				

비 고	- 다음 회의 일정: 12월 13일 오후 2시 - 20XX년 1월 워크숍 예정 일정: 1월 3~4일				

 ### 회의록이란?

회의록은 회의에서 얘기된 내용과 결론, 필요한 업무를 기록한 문서입니다. 이 문서는 관련된 직원들에게 회의의 내용을 전달하여 원활한 업무를 돕기 때문에 정확하게 작성합니다.

회의록은 어떻게 작성할까요?

▷ 일반적인 회의는 중요한 안건부터 진행하므로 회의 진행 순서에 따라 회의록을 씁니다.

▷ 회의록 상단에 기본 정보(회의 일시, 장소, 부서, 참석자, 작성자, 회의 안건)를 쓰고, 회의 내용은 명사형 문장으로 씁니다.

▷ 회의 시 주고 받은 안건의 내용을 간단히 메모하고, 회의가 끝난 후 가능한 빨리 회의록을 씁니다.

□ 다음은 생산2팀의 회의록입니다. 잘 읽고 아래 질문에 답해 보십시오.

회 의 록		담 당	팀 장

회 의 일 시	20XX년 12월 5일 (목) 오후 2:00	회의 장소	2층 생산팀 회의실
작 성 일 자	20XX년 12월 6일 (금)	회의록 작성자	정페이펑
주 관 부 서	생산2팀	참석 인원	4명
참 석 자	(1) 김준형 부장 (2) 박성일 과장 (3) 커신 관리팀 과장 (4) 정페이펑		
회 의 안 건	생산 현황 점검에 관한 협의		
회 의 내 용	**1. 12월 생산 현황** - 완료 예정 제품명: ENJ120A, ENJ220B, PA9900J, LB1250P 화이트, PP9302B 블랙 500개 - ENJ220B 12월 출고를 위한 야간 근무자 인원과 생산 라인의 확인 필요함. - PP9302B 완성 부품의 도착 일자를 관리팀에서 확인 후 빠른 조치를 전달함. - 관리팀에 제품 검사에 관한 일정과 담당자 확인 전달을 요청함. **2. 1월 생산 계획** - AA210B-1 원자재 도착 예정 일자: 12월 22일 　→ 관리팀에 도착 일자 재확인해야 함. - 본사에 AA210B-3 샘플의 최종 컨펌을 12월 13일까지 요청해야 함. 　→ 1월 13일 2번 라인에서 생산하기로 함. - 관리팀에 1월 선적 일정 전달을 요청함. **3. 기타** - 김준형 부장님 12월 15~19일 베트남 호치민 출장 　→ 금년 작업 샘플 15개 준비해야 함.		
비 고	- 다음 회의 일정: 12월 13일 오후 2시 - 20XX년 1월 워크숍 예정 일정: 1월 3~4일		

- 회의의 안건은 무엇입니까?
- 안건을 논의하기 위한 두 가지 회의 내용은 무엇입니까?

어휘 익히기

회의록에 사용되는 어휘를 알아봅시다.

주관하다   점검하다   협의하다   조치하다   검사하다   선적하다

1. 다음 뜻에 알맞은 어휘를 찾아 써 보십시오.

1) 둘 이상의 사람이 서로 힘을 합쳐 의논하다 _____

2) 상황을 잘 살펴서 순서에 맞게 일을 마무리하거나 해결 방법을 찾아 행동하다 _____

3) 다른 나라로 보내기 위해 배에 물건을 싣다 _____

4) 어떤 사실이나 상태를 조사하여 맞고 틀림, 좋고 나쁨을 결정하다. _____

5) 하나하나 꼼꼼히 확인하고 검사하다 _____

6) 어떤 일을 책임을 맡아 관리하고 운영하다 _____

2. 위의 어휘 중 알맞은 것을 골라 문장을 완성해 보십시오.

1) 오늘 회의는 생산 2팀이 (   ) 관리팀의 메이뚜자 과장이 참여했습니다.

2) 회의의 안건은 생산 현황을 (   ) 필요한 업무를 관리팀에 요청하기 위함입니다.

3) 제품 배송의 문제를 해결하기 위해 오늘 오후에 거래처를 방문하여 (   ).

4) 회사에서 생산하는 제품이 완성되면 보내기 전에 문제가 없는지 (   ).

5) 제품을 다른 나라로 수출하기 위해서는 약속한 날짜까지 컨테이너에 실어 항구로 보낸 후 (   ).

6) 관리팀은 회의 다음 날에 PP9302B의 완성 부품의 도착 일자를 확인했고, 이번 주에 받을 수 있도록
   (   ).

-기로 하다

동사와 함께 사용해서 결정이나 결심, 또는 다른 사람과의 약속을 표현합니다. 부정 문장은 ' -지 않기로 하다'를 사용하고, 뒤에 '하다' 대신에 '결정하다, 결심하다, 약속하다'를 사용하기도 합니다.

예문) 내일 영업팀 전 직원이 한국 식당에서 회식을 하기로 했어요.

오늘 회의에서 AA210B-3은 1월에 1번 라인에서 생산하기로 결정했습니다.

에 관한

명사와 함께 사용해서 말이나 생각하는 대상을 표현합니다. 공적인 상황에서 많이 쓰이며, '에 대한'으로 바꿔 사용하기도 합니다.

'에 관한', '에 대한' 뒤에는 사물이 뒤따르고, '에 관하여(관해)', '에 대하여(대해)' 뒤에는 행위가 뒤따릅니다.

예문) 오늘은 직장인들의 건강에 관한 토론을 하겠습니다.

오늘은 직장인들의 건강에 관하여 토론하겠습니다.

1. 다음 문장을 '-기로 하다'를 사용해서 바꿔 써 보십시오.

1) 올해부터 계획을 세워 한국어 공부를 할 것입니다.

_____

2) 지난 주에 동료들과 간 한국 식당의 음식이 맛있어서 이번 주 주말에 또 갈 거예요.

_____

3) 1월에 전 직원이 1박 2일로 워크숍을 가기 때문에 사내 연말 파티는 하지 않습니다.

_____

2. 다음 메시지를 읽고 '에 관한'을 사용해서 문장을 완성하거나 써 보십시오.

 오늘 회의는 생산 현황 점검을 논의하겠습니다.

1) 오늘 회의에서는 (　　　　　　　　　　) 논의를 하겠습니다.

박 대리님께 회의록을 작성할 때 궁금한 점을 질문했습니다.

2) 박 대리님께 (　　　　　　　　　) 질문을 드렸습니다.

 관리팀에 선적 일정 자료를 요청할 거예요.

3)
_____

이번 휴가 때 집에서 한국의 비즈니스 문화를 알 수 있는 책을 읽을 거예요.

4)
_____

3. 앞에서 배운 문법들과 알맞은 내용을 연결해서 문장을 완성해 보십시오.

환경 보호에 관한 프로젝트를 함께 진행하기로 했습니다.

1) 환경 보호　　　　　　　•────────────•　프로젝트를 함께 진행하다

2) 회사 발전　　　　　　　•　　　　　　　　　•　구체적인 계획을 세우다

3) 자신의 미래　　　　　　•　　　　　　　　　•　계획표를 만들고 함께 점검하다

4) 친구와 비즈니스 한국어 공부　•　　　　　　•　의견을 정리해서 회의 때 발표하다

2)
_____

3)
_____

4)
_____

전략 익히기

▷ 각 소주제로 나누어 세부 내용을 정리하여 씁니다.
▷ 이를 위해 회의 내용을 집중해서 듣고 중요 사항을 메모합니다.

□ 다음은 '푸른 지구 지키기' 동호회의 회의 내용에 관한 글입니다. 글을 읽고 아래 문제의 답을 적어
보십시오.

10월 9일 오후 3시 30분, 우리나라의 환경보호에 관한 실천 방법을 찾기 위해서 동호회 회원 네 사람이 스
테이인 카페에 모였습니다. 오늘 회의를 위해 모인 회원은 응웬 황 부엉, 루엉 반 엠, 응우옌 쥬이 뚜언, 그리
고 저, 수니 하 탐입니다.

먼저 우리는 자연보호를 위해 동호회에서 가장 빠르고 쉽게 실천할 수 있는 방법을 제시하고 의견을 모으기
로 했습니다. 루엉 반 엠 씨가 먼저 일회용 비닐봉지 사용을 줄이고 시장 바구니나 가방을 사용해야 한다고
했습니다. 저는 루엉 반 엠 씨의 의견에 동의하였고, 비닐봉지는 환경오염뿐만 아니라 뜨거운 음식을 담으면
건강에도 좋지 않다고 했습니다. 플라스틱 비닐 사용을 줄이기 위한 방법으로는 음식을 담을 통을 가지고 가
서 포장 주문을 하고, 통을 가지고 갈 수 없으면 받은 비닐봉지를 다시 사용하자는 의견이 나왔습니다.

응우옌 쥬이 뚜언 씨는 환경보호 수첩을 사용해서 매일 사용한 비닐봉지와 플라스틱 제품의 개수를 기록하
여 매 주 한 번씩 서로 점검하자고 주장했습니다. 이에 응웬 황 부엉 씨는 좋은 방법이지만 수첩을 사용하는
것은 환경보호에 어긋나는 행동이므로 단체 메신저방에 매일 사용한 플라스틱 제품을 올리는 것을 제안했습
니다. 이 안건은 동호회 전체 모임 때 다시 제시하여 다른 회원들의 반응을 보고 실천 여부를 협의하기로 했
습니다.

마지막으로 제가 한 달에 한 번 동호회 회원들이 모여 길에 떨어진 쓰레기 줍기를 제안했습니다. 토요일 오
전에 동호회 티셔츠를 입고 벤탄시장부터 호치민 광장까지 걸어가며 쓰레기를 줍고 동호회를 홍보하는 활
동입니다. 회의에 참석한 전원이 동의하였고, 다음 주 토요일부터 원하는 회원들과 함께 쓰레기 줍기 활동을
시작하기로 했습니다. 저는 회원들에게 활동을 안내하고 신청을 받기 위한 포스터를 제작해서 12일까지 전
달하기로 했습니다.

1. 회의 일시와 장소, 참석자 이름, 회의 안건을 정리해서 써 보십시오.

회의 일시	
회의 장소	
참석자	
회의 안건	

2. 안건을 위해 제시된 의견을 정리해서 아래의 표를 채워 보십시오.

	제시 의견	제시자	세부 실천사항 및 기타 의견
1	일회용 비닐봉지 사용을 줄이기 위해 시장 가방을 사용하기	루엉 반 엠	- 수니 하 탐 의견: 비닐봉지는 환경오염뿐만 아니라 건강에도 좋지 않음. → 음식을 주문 시 담을 통을 가지고 가고 비닐봉지는 재사용하자고 함.
2		응우옌 쥬이 뚜언	- 매일 사용한 비닐봉지와 플라스틱 제품의 개수를 수첩에 기록하여 매 주에 한 번 서로 점검하자고 주장함. - 응웬 황 부엉 의견: → 동호회 전체 회의 때 다시 제시하여 반응을 본 후 실천 여부를 협의하기로 함.
3		수니 하 탐	- (장소 : 벤탄시장부터 호치민 광장까지) → 회의 참석자 전원이 동의하여 → 수니 하 탐 업무:

쓰기 준비 활동

□ 다음은 신제품을 생산한 회사의 영업 직원과 홍보 회사의 직원이 만나서 '신제품 홍보'에 대해 논의하는 회의입니다. 잘 듣고 안건의 내용을 표에 간단히 메모해 보십시오. 2~3번 듣기를 추천합니다.

회의 참석자	
회의 안건	
회의 내용	1) 신제품 홍보 전략
	2) 홍보 예상 비용

□ 여러분은 이정코스메틱의 영업팀 김기원 과장입니다. 앞에서 정리한 회의 내용을 참고해서 회의록을 작성해 보십시오.

회 의 록			담당	팀장
회의 일시	년 월 일 ( )	회의 장소		
작성 일자	년 월 일 ( )	회의록 작성자		
주관 부서		참석 인원		
참 석 자	(1) (2) (3) (4)			
회의 안건				
회의 내용				
비 고				

✓ 글을 다시 검토해 보십시오.

1. 회의 안건에 관한 세부 의견을 잘 나누어서 작성했어요?

2. 세부 의견에 관한 실천 사항을 빠짐없이 작성했어요?

쓰기 후 활동

 비즈니스 문화

회식 문화

회식은 회사에서 함께 일하는 사람들과 맛있는 음식을 먹으며, 유대감을 강화하기 위한 활동입니다. 한국의 직장인들은 회식을 통해 친밀감을 쌓고, 더욱 효율적인 업무를 할 수 있는 기회를 만들 수 있다고 생각합니다. 다음은 알아 두면 좋은 한국 회사의 네 가지 회식 문화입니다.

1. 회식 자리에서 술을 마시는 것은 자연스러우며, 상사가 권하는 술을 마시는 것이 예의로 여겨지기도 합니다. 그러나 최근에는 건강과 개인의 선택을 존중하는 분위기가 확산되고 있으니 정중하게 술을 거절할 수도 있습니다.
2. 술을 마실 때는 나보다 나이나 직급이 높은 분의 반대 방향으로 고개를 돌리고, 상사의 술잔이 비워지면 술을 따르기도 합니다.
3. 한국은 회식 메뉴로 고기 종류를 자주 먹습니다. 식당에서 고기를 구워주지 않으면 회사의 막내 직원이 고기를 굽기도 합니다. 고기를 잘 굽는다면 여러분의 센스를 보여줄 수 있는 기회가 될 것입니다. 부족한 반찬이나 음식도 미리 확인해서 직원에게 요청합니다.
4. 회식 참여가 꼭 필수는 아닙니다. 보통 회식은 며칠 전에 안내가 되니 중요한 선약이 있다면 이유를 설명하고 참여할 수 없음을 미리 전달합니다. 하지만 연말, 연초 또는 연휴 전의 회식은 가능하면 참여하는 것이 좋습니다.

➕ 더 쓰기 활동

글을 검토한 후 다시 써 볼까요?
QR코드를 스캔하여 컴퓨터 문서 양식에 연결한 후 앞에서 작성한 회의록을 컴퓨터로 작성해 보십시오.

Notes Page

Name _____

Name _____

_____
_____
_____
_____
_____
_____
_____
_____
_____
_____
_____
_____
_____
_____
_____
_____
_____
_____
_____
_____
_____
_____
_____

8 이메일 업무 1

기본 이메일 쓰기
전략: 이메일 쓰기의 요건과 특징 파악하기

제목   한국 무역박람회 보고서 전송

박성일 과장님께
과장님, 안녕하십니까?
관리팀의 비르잔입니다.

이번 한국 무역박람회에 관한 보고서를 전송해 드립니다.
첨부 파일을 확인 부탁드립니다.

그럼 활기찬 한 주 보내시기를 바랍니다.
감사합니다.

비르잔 드림

첨부 파일   한국 무역박람회 보고서.pdf   ⋮

 업무 이메일이란?

업무 이메일은 직장에서 업무와 관련된 글을 주고받는 의사소통입니다. 이메일 업무는 가장 많이 사용되는 업무 방식으로 속도와 정확성이 매우 중요합니다.

💯 업무 이메일은 어떻게 작성할까요?

▷ 업무 이메일은 목적과 내용을 간결하고 정확히 전달해서 씁니다.
▷ 각 업무 이메일의 목적에 어울리는 이메일 형식과 표현을 사용해서 씁니다.

☐ 다음은 본사에 보고서를 전송하는 이메일입니다. 잘 읽고 아래 질문에 답해 보십시오.

받는 사람   본사 박성일 과장님

제목   한국 무역박람회 보고서 전송

박성일 과장님께

과장님, 안녕하십니까? 관리팀의 비르잔입니다.
이번 한국 무역박람회에 관한 보고서를 전송해 드립니다.
첨부 파일을 확인 부탁드립니다.

그럼 활기찬 한 주 보내시기를 바랍니다.
감사합니다.

비르잔 드림

첨부 파일   한국 무역박람회 보고서.pdf

- 이메일을 보낸 목적이 무엇입니까?
- 모르는 어휘나 표현을 찾아 보십시오.

이메일에 사용되는 어휘를 알아봅시다.

전송하다   참고하다   첨부하다   발송하다   수신인   발신인

1. 다음 뜻에 알맞은 어휘를 찾아 써 보십시오.

1) 물건이나 문서를 보내는 사람   _____

2) 어떤 자료를 잘 읽고 도움이 되도록 하다   _____

3) 물건이나 문서를 받는 사람   _____

4) 글이나 사진을 인터넷을 이용해 보내다   _____

5) 물건이나 문서를 우편이나 인터넷을 이용해 보내다 _____

6) 어떤 문서나 내용을 부가적으로 함께 보내다   _____

2. 위의 어휘 중 알맞은 것을 골라 내용을 완성해 보십시오.

1) 이메일을 보낸 비르잔 씨는 (   )이고, 이메일을 받은 박성일 과장은 (   )입니다.

2) 비르잔 씨는 한국 무역박람회에 관한 보고서를 (   )기 위해 이메일을 보냈습니다.

3) 비르잔 씨는 이메일에 한국 무역박람회에 관한 보고서를 (   )여 보냈습니다.

4) 박성일 과장은 보고서를 (   ) 내년 박람회 참가를 결정할 것입니다.

5) 박람회 참가 신청 방법은 먼저 참가신청서를 이메일로 보낸 후에 회사소개서를 우편으로 (   )야
   합니다.

-아/어 드립니다

동사와 함께 사용해서 다른 사람을 위한 행위를 표현합니다.

예문) 이번 한국 무역박람회에 관한 보고서를 전달해 드립니다.
한국 무역박람회의 참가 방법을 알려 드리겠습니다.

드립니다

동작을 나타내는 명사와 함께 사용해서 공손한 행위를 표현합니다.

예문) 이번 한국 무역박람회에 관한 보고서 내용을 말씀드립니다.

1. 다음 상황을 보고 '-아/어 드립니다'를 사용해서 문장을 써 보십시오.

1) 선생님 - 학생(나) / 한국어 쓰기 숙제를 메신저로 보내기

_____

2) 장 과장님 - 직원(나) / 주간업무일지를 이메일의 첨부 파일로 전송하기

_____

2. 다음 상황을 보고 '드립니다'를 사용해서 문장을 써 보십시오.

1) 본사 최 대리님 - 직원(나) / 시장조사 보고서의 확인을 부탁하기

_____

2) 태국 거래처 타오 주임님 - 직원(나) / 주문 물품 선적 일자를 회신 요청하기

_____

업무 이메일의 상황은 크게 자주 이메일 연락을 하는 사람과 오랜만에 연락한 사람으로 나뉩니다.
각 상황에 따라 기본 이메일의 형식도 달라집니다. 각 상황에 필요한 이메일 기본 형식을 알아봅시다.

▷ 자주 이메일 연락을 하는 사람에게 보내는 이메일 형식

　제목 - 받는 사람 - 인사 - 본문 - 끝인사(생략 가능) - 감사 인사 - 보내는 사람

▷ 처음 이메일 연락을 하는 사람에게 보내는 이메일 형식

　제목 - 받는 사람 - 인사 - 자기소개 - 본문 - 끝인사(생략 가능) - 감사 인사 - 보내는 사람

▷ 오랜만에 이메일 연락을 하는 사람에게 보내는 이메일 형식

　제목 - 받는 사람 - 인사 - 자기소개 - 안부 묻기 - 자신의 안부 전하기 - 본문 - 끝인사(생략 가능) - 감
　사 인사 - 보내는 사람

이메일의 내용이나 상황에 따라 끝인사나 감사 인사를 생략하기도 합니다.

1. 다음은 한국어 선생님께 쓰기 숙제를 보내는 이메일입니다. 각 내용을 읽고 이메일의 형식에 맞게 순서를
매겨 보십시오.

✉ .보내는 메일　　　　　－ ↗ ×	
제목　한국어 쓰기 숙제_마야	(①)
선생님께 선생님, 안녕하세요? 마야입니다.	( )
쌀쌀한 날씨에 감기 조심하시길 바랍니다. 감사합니다. ^^	( )
마야 드림	( )
쓰기 숙제를 이메일로 전송해 드립니다. 첨부 파일을 확인 부탁드립니다.	(③)
첨부 파일 🔗 한국어 쓰기 숙제_마야.pdf	

☐ 여러분은 마인산업의 직원입니다. 내년 한국 무역박람회에 참가하게 되었습니다. 그래서 참가신청서를 박람회 담당자에게 전송하려고 합니다. 각 조건에 맞는 문장을 써서 이메일을 완성해 보십시오.

□ 원하는 회사의 글로벌 인턴십 프로그램에 지원하기 위해 이메일을 보내려고 합니다. 1과에서 작성한 자기소개서를 인턴십 프로그램 담당자에게 보내는 이메일을 써 보십시오. 활동을 하기 전에 85페이지의 비즈니스 문화 '이메일 업무의 기초 다지기 I'을 먼저 공부하십시오.

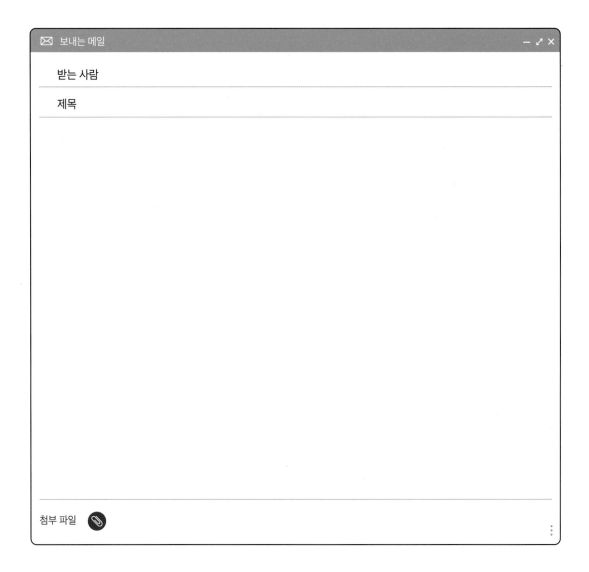

✓ 글을 다시 검토해 보십시오.

1. 이메일의 목적을 정확히 전달했어요?
2. 기본 이메일의 구조에 맞게 썼어요?

자가 점검표

1. 이메일의 내용을 간결하게 정리해서 썼어요?
2. 앞에서 공부한 어휘나 표현을 사용했어요?

상호 점검표

1. 기본 이메일의 구조에 맞게 썼어요?
2. 어휘와 표현을 정확하게 사용했어요?

 비즈니스 문화

이메일 업무의 기초 다지기 Ⅰ

이번 단원에서는 업무 이메일의 기초 실력을 쌓아 보겠습니다.

업무 이메일은 격식을 갖춘 쓰기 업무로 이에 맞는 언어 표현을 사용해야 합니다. 필요한 사항들을 아래에 간결하게 정리하였습니다.

1. 이메일의 제목은 이메일을 보내는 목적이나 중심 내용을 문장이나 명사형으로 씁니다. 예를 들어 '프로젝트 진행 상황을 문의드립니다.' 또는 '프로젝트 진행 상황 문의 건' 형식을 사용합니다.

2. 업무 이메일은 정확성과 격식성이 중요한 의사소통입니다. 따라서 이메일을 전송하기 전에 틀린 글자나 내용을 꼼꼼히 확인합니다.

3. 상대방이 빠르게 읽고 이해할 수 있도록 이메일을 문단으로 나누고, 줄바꿈을 하여 씁니다. 교재에 나오는 이메일 글은 문단 나누기와 줄바꿈이 적용되었습니다.

4. 긴급하거나 중요한 이메일은 이메일의 제목 앞에 [긴급], [중요], [최종 확정] 등을 넣어서 보냅니다. 그리고 전화나 메신저로 이메일 확인을 부탁하기도 합니다.

⊕ 더 쓰기 활동

글을 검토한 후 친구에게 이메일을 보내 볼까요?

친구에게 앞에서 쓴 이메일을 자기소개서 첨부 파일과 함께 보내 보십시오.

9 이메일 업무2

문의 및 답변 이메일 쓰기
전략: 문의 및 답변 이메일의 구조와 특징 이해하기

보내는 메일 ⊠   _ ↗ ×

제목   [KH산업] 프로젝트 진행 문의

김진 대리님께

대리님, 안녕하세요?
KH산업의 자야입니다.

지난 주 미팅에서 말씀 나눈 프로젝트 진행 여부를 문의하기 위해 연락드렸습니다.
프로젝트 진행 여부 결과는 언제쯤 알 수 있는지요?
프로젝트를 진행하게 되면 저희 회사에서 협조팀을 만들어 시장 조사 후 분석부터 준비하려고 합니다.
그럼 회신 기다리겠습니다.

무더운 날씨에 건강 유의하십시오.
감사합니다.

자야 드림

보내기   A ☺ ↕ 📎 🖼 👓 ☆ 🗑   ⋮

문의 이메일이란?

문의 이메일은 정보를 얻거나 문제를 해결하기 위해 작성하는 이메일입니다. 문의 후 답변 이메일을 주고받으며 업무에 대한 구체적인 의사소통을 합니다.

💯 문의 이메일은 어떻게 작성할까요?

▷ 문의 이메일은 문의 내용을 체계적으로 정리해서 씁니다.
▷ 문의 이메일의 목적에 어울리는 이메일 형식과 표현을 사용해서 씁니다.

□ 다음은 문의와 답변의 이메일입니다. 잘 읽고 아래 질문에 답해 보십시오.

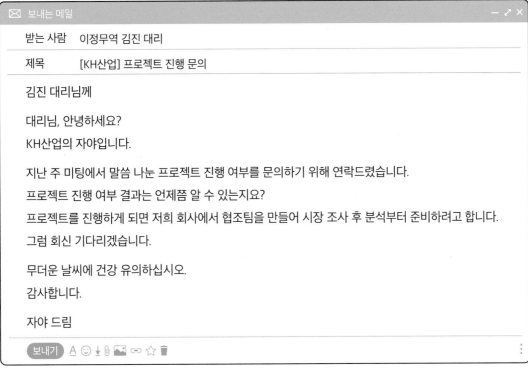

✉ 보내는 메일   − ↗ ×

받는 사람	이정무역 김진 대리
제목	[KH산업] 프로젝트 진행 문의

김진 대리님께

대리님, 안녕하세요?
KH산업의 자야입니다.

지난 주 미팅에서 말씀 나눈 프로젝트 진행 여부를 문의하기 위해 연락드렸습니다.
프로젝트 진행 여부 결과는 언제쯤 알 수 있는지요?
프로젝트를 진행하게 되면 저희 회사에서 협조팀을 만들어 시장 조사 후 분석부터 준비하려고 합니다.
그럼 회신 기다리겠습니다.

무더운 날씨에 건강 유의하십시오.
감사합니다.

자야 드림

보내기 Ａ ☺ ⬇ 📎 🖼 🔗 ☆ 🗑

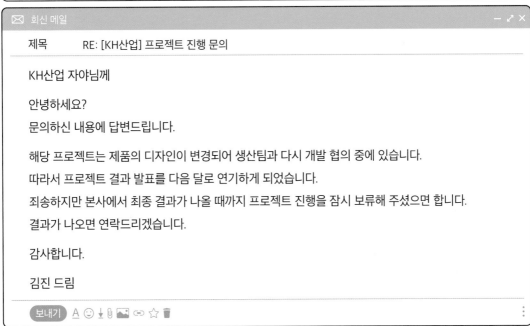

✉ 회신 메일   − ↗ ×

제목	RE: [KH산업] 프로젝트 진행 문의

KH산업 자야님께

안녕하세요?
문의하신 내용에 답변드립니다.

해당 프로젝트는 제품의 디자인이 변경되어 생산팀과 다시 개발 협의 중에 있습니다.
따라서 프로젝트 결과 발표를 다음 달로 연기하게 되었습니다.
죄송하지만 본사에서 최종 결과가 나올 때까지 프로젝트 진행을 잠시 보류해 주셨으면 합니다.
결과가 나오면 연락드리겠습니다.

감사합니다.

김진 드림

보내기 Ａ ☺ ⬇ 📎 🖼 🔗 ☆ 🗑

• 문의와 답변 이메일을 보낸 목적이 무엇입니까?
• 모르는 어휘나 표현을 찾아 보십시오.

문의 및 답변 이메일에 사용되는 어휘를 알아봅시다.

협조하다　　분석하다　　유의하다　　답변하다　　연기하다　　보류하다

1. 다음 뜻에 알맞은 어휘를 찾아 써 보십시오.

1) 어떤 상황이나 대상을 기준으로 나누어 보다 명확하게 알다 　　　　＿＿＿＿＿＿＿＿＿＿

2) 서로 힘을 모아 돕거나 일을 해결하다 　　　　＿＿＿＿＿＿＿＿＿＿

3) 어떤 것을 마음을 새겨 기억하고 주의하다 　　　　＿＿＿＿＿＿＿＿＿＿

4) 미리 정해진 시기를 뒤로 미루다 　　　　＿＿＿＿＿＿＿＿＿＿

5) 다른 이의 질문에 대답하다 　　　　＿＿＿＿＿＿＿＿＿＿

6) 어떤 일을 당장 하지 않고 나중으로 미루어 두다 　　　　＿＿＿＿＿＿＿＿＿＿

2. 위의 어휘 중 알맞은 것을 골라 문장을 완성해 보십시오.

1) 자야 씨의 회사는 프로젝트가 진행되면 팀을 만들어 시장조사 분석 업무를 (　　　　　　).

2) 시장 조사는 목표 시장을 이해하기 위한 목적으로 시장의 현황과 소비자의 요구를 조사한 후
　(　　　　　　).

3) 한국에 가을비가 내리면 날씨가 쌀쌀해집니다. 이 때 감기에 걸리지 않게 (　　　　　　).

4) 이정무역의 김진 대리는 자야 씨의 이메일을 받고, (　　　　　　)기 위한 이메일을 보냈습니다.

5) 제품 디자인이 변경되어 프로젝트 결과 발표를 다음 달로 (　　　　　　).

6) 그래서 자야 씨에게 프로젝트 진행을 잠시 (　　　　　　) 달라고 요청했습니다.

-는/(으)ㄴ지요?

동사나 형용사와 함께 사용해서 다른 사람에게 정중하고 완곡한 질문을 표현합니다. 존칭 표현이나 '-아어 줄 수 있다'와 자주 사용됩니다.

예문) 회신 감사합니다. 그럼 프로젝트는 어떤 방식으로 진행이 되는지요?

부장님, 내일까지 자료를 보내주실 수 있으신지요?

-게 되다

동사와 함께 사용해서 외부 영향에 의한 상황이나 동작의 변화를 표현합니다. 간접적인 표현으로 자신의 상황을 겸손하게 전달할 때 사용하기도 합니다.

예문) 제가 우수 직원으로 뽑혀서 한국 본사에서 1년 동안 근무하게 되었어요.

죄송합니다. 이야기를 나눈 프로젝트는 다른 회사와 진행하게 되었습니다.

1. 다음 문장을 '-는/(으)ㄴ지요?'를 사용해서 바꿔 써 보십시오.

1) 과장님은 언제 한국으로 휴가를 가세요?

_____

2) 지난 달에 올린 야근 수당을 제 통장으로 받을 수 있나요?

_____

2. 다음 문장을 '-게 되다'를 사용해서 바꿔 써 보십시오.

1) 제가 GKS 장학프로그램에 합격해서 내년부터 한국에서 공부할 예정이에요.

_____

2) 천 과장님의 소개로 거래처 담당 직원을 만났습니다.

_____

쓰기 전략

문의 이메일은 전체적인 문의 상황을 먼저 전한 다음에 자세한 문의 내용을 씁니다. 답변 이메일은 이메일 수신 확인을 먼저 전한 다음에 자세한 답변 내용을 쓰고, 빠른 답변이 필요하다면 수신 확인이나 끝인사를 생략할 수 있습니다. 각 상황에 필요한 이메일 기본 형식을 알아봅시다.

▷ 문의 이메일의 형식
제목 - 받는 사람 - 인사 - 문의 소개 - 문의 본문 - 답변 부탁 - 끝인사(생략 가능) - 감사 인사 - 보내는 사람

▷ 답변 이메일의 형식
받는 사람 - 인사 - 수신 확인(생략 가능) - 답변 본문 - 끝인사(생략 가능) - 감사 인사 - 보내는 사람

1. 다음은 본사와 주고 받은 문의 및 답변 이메일입니다. 각 내용을 읽고 이메일의 형식에 맞게 순서를 매겨 보십시오.

✉ 보내는 메일	— ↗ ✕

제목   [몽골 지사] 한국 파견 근무를 위한 초청장 문의

───────────────────

총무팀 김원희 주임님께

안녕하세요?
저는 몽골 지사 영업팀 대리 자야입니다.

───────────────────

필요한 정보나 서류가 있으시면 언제든지 연락 주십시오.

───────────────────

본사 근무를 위한 초청장 문의를 위해 이메일 드렸습니다.
제가 이번에 우수 직원으로 뽑혀 본사에서 1년 근무하게 되었습니다.

───────────────────

한국에 가기 위해 비자를 신청해야 하는데 본사에서 초청장을 받을 수 있는지요?
가능하시면 다음 주 월요일까지 부탁드리겠습니다.

───────────────────

감사합니다.

자야 드림

①	②	⑤		

✉ 회신 메일	— ↗ ✕

제목   re: [몽골 지사] 한국 파견 근무를 위한 초청장 문의

───────────────────

먼저 우수 직원에 뽑히신 것을 축하 드립니다.
한국에 오셔서 빨리 얼굴 뵙고 인사 나누고 싶습니다.

───────────────────

자야 대리님께

안녕하세요?
총무팀 주임 김원희입니다.

───────────────────

그럼 파견 준비 잘하시고 조만간 뵙겠습니다.

감사합니다.

김원희 드림

───────────────────

초청장 작성을 위해 자야 대리님의 여권과 신분증 스캔 파일이 필요합니다.
특별한 문제가 없다면 다음 주 월요일까지 초청장을 보내 드리겠습니다.

①	③			

☐ 마인산업이 내년 한국 무역박람회에 참가하게 되었습니다. 먼저 전시부스를 장식해 줄 인테리어 회사를 결정하기 위해 미팅을 해야 합니다. 인테리어 회사에게 미팅 일정을 문의하는 이메일을 처음 보냅니다. 각 조건에 맞는 문장을 써서 문의와 답변 이메일을 완성해 보십시오.

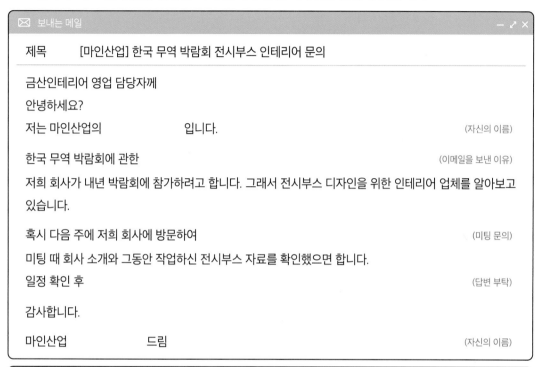

✉ 보내는 메일 — ↗ ×

제목　　　[마인산업] 한국 무역 박람회 전시부스 인테리어 문의

금산인테리어 영업 담당자께
안녕하세요?
저는 마인산업의　　　　　　　입니다.　　　　　　　　　　　　(자신의 이름)

한국 무역 박람회에 관한　　　　　　　　　　(이메일을 보낸 이유)
저희 회사가 내년 박람회에 참가하려고 합니다. 그래서 전시부스 디자인을 위한 인테리어 업체를 알아보고 있습니다.

혹시 다음 주에 저희 회사에 방문하여　　　　　　　　　(미팅 문의)
미팅 때 회사 소개와 그동안 작업하신 전시부스 자료를 확인했으면 합니다.
일정 확인 후　　　　　　　　　　　(답변 부탁)

감사합니다.

마인산업　　　　　드림　　　　　　　　　　(자신의 이름)

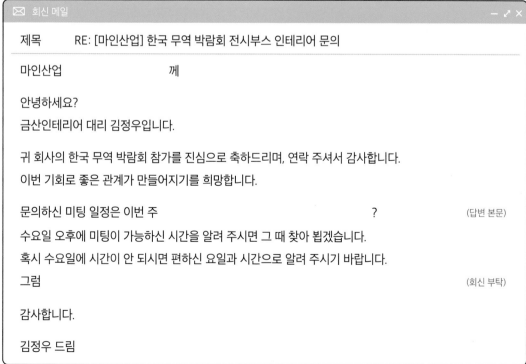

✉ 회신 메일 — ↗ ×

제목　　　RE: [마인산업] 한국 무역 박람회 전시부스 인테리어 문의

마인산업　　　　　께

안녕하세요?
금산인테리어 대리 김정우입니다.

귀 회사의 한국 무역 박람회 참가를 진심으로 축하드리며, 연락 주셔서 감사합니다.
이번 기회로 좋은 관계가 만들어지기를 희망합니다.

문의하신 미팅 일정은 이번 주　　　　　　　　　　　　　?　　　(답변 본문)
수요일 오후에 미팅이 가능하신 시간을 알려 주시면 그 때 찾아 뵙겠습니다.
혹시 수요일에 시간이 안 되시면 편하신 요일과 시간으로 알려 주시기 바랍니다.
그럼　　　　　　　　　　　(회신 부탁)

감사합니다.

김정우 드림

쓰기 활동

□ 원하는 회사에 채용 모집이 발표되었습니다. 1차 서류 평가를 위해 지원서, 자기소개서, 졸업증명서를 제출해야 하는데 여러분은 다음 달에 졸업을 합니다. 그래서 졸업증명서 대신에 졸업예정증명서 제출이 가능한지 문의하기 위해 이메일을 보내려고 합니다. 인사 담당자에게 보내는 이메일을 써 보십시오. 활동을 하기 전에 93페이지의 비즈니스 문화 '이메일 업무의 기초 다지기 Ⅱ'를 먼저 공부하십시오.

✓ 글을 다시 검토해 보십시오.

1. 이메일의 목적을 정확히 전달했어요?
2. 문의 이메일의 구조에 맞게 썼어요?

1. 이메일의 내용을 체계적으로 정리해서 썼어요?

2. 앞에서 공부한 어휘와 표현을 사용했어요?

1. 문의 이메일의 구조에 맞게 썼어요?

2. 어휘와 표현을 정확하게 사용했어요?

 비즈니스 문화

이메일 업무의 기초 다지기 II

이번 단원에서는 업무 이메일을 쓸 때 필요한 언어 표현을 알아보겠습니다.

업무 이메일은 격식을 갖춘 쓰기 업무로 이에 맞는 언어 표현을 사용해야 합니다. 필요한 사항들을 아래에 간결하게 정리하였습니다.

1. 같은 제목의 이메일 업무 시에는 절대 제목을 수정하지 않습니다. 제목을 수정하면 이메일을 주고 받는 상대방에게 혼돈을 줄 수 있습니다. 이메일을 많이 주고 받아서 제목 앞의 'Re:'가 너무 많으면 2~3개 정도로 줄일 수 있습니다.

2. 모든 첨부 파일은 관련한 이름으로 변경하여 보냅니다. 이 때 간단한 명사형 이름을 사용하고, 수정 파일은 파일 이름 뒤에 '(수정)'을 붙여 기존의 파일과 헷갈리지 않게 보냅니다.

   많은 파일을 보낼 때에는 압축 프로그램을 이용해 파일 용량을 줄여서 전송합니다.

3. 메신저와 마찬가지로 업무 이메일 역시 최소의 이모티콘과 부호를 사용합니다. 특히 이는 메신저보다 업무 이메일에서 더욱 중요하게 여겨집니다.

➕ 더 쓰기 활동

글을 검토한 후 친구와 함께 이메일을 보내 볼까요?

앞에서 쓴 이메일을 친구에게 보내고, 친구에게 받은 문의 이메일에 답변해 보십시오.

10 이메일 업무 3

요청 이메일 쓰기
전략: 요청 이메일의 구조와 특징 이해하기

보내는 메일

제목	[반둥 지사] 수라바야 프로젝트 결과보고서 요청

김동원 과장님께

안녕하세요?

저는 반둥 지사의 프리야 대리입니다.

건강히 잘 지내고 계신지요?

다름이 아니라 내년에 진행될 반둥 프로젝트에 필요한 자료를 요청하기 위해 연락을 드렸습니다.

지난 화상 회의에서의 의견을 반영하여 수라바야 프로젝트를 검토 후 기안서를 작성하려고 합니다.

작년에 완료된 수라바야 프로젝트에 관한 자료를 받아 볼 수 있는지요?

하기에 필요한 보고서를 항목으로 정리했으니 참고해 주시기 바랍니다.

- 수라바야 시장 조사 결과보고서
- 수라바야 지사 현황보고서
- 수라바야 프로젝트 진행 일정표
-> 진행 일정표는 간결한 내용 전달도 무방합니다.

바쁘시겠지만 협조해 주시면 정말 감사하겠습니다.

그럼 연락 기다리겠습니다.

감사합니다.

프리야 드림

요청 이메일이란?

요청 이메일은 상대방에게 필요한 정보나 도움을 부탁하기 위해 작성하는 이메일입니다. 효과적으로 부탁을 하여 원하는 결과를 얻을 수 있도록 작성합니다.

💯 요청 이메일은 어떻게 작성할까요?

▷ 요청 이메일은 목적에 맞게 정중한 표현을 더욱 신경 써서 씁니다.

▷ 요청 사항은 문장보다 기호나 숫자를 사용해서 간단하고 명확하게 전달합니다.

□ 다음은 보고서를 요청하는 이메일입니다. 잘 읽고 아래 질문에 답해 보십시오.

보내는 메일

제목   [반둥 지사] 수라바야 프로젝트 결과보고서 요청

김동원 과장님께

안녕하세요?
저는 반둥 지사의 프리야 대리입니다.
건강히 잘 지내고 계신지요?

다름이 아니라 내년에 진행될 반둥 프로젝트에 필요한 자료를 요청하기 위해 연락을 드렸습니다.
지난 화상 회의에서의 의견을 반영하여 수라바야 프로젝트를 검토 후 기안서를 작성하려고 합니다.
작년에 완료된 수라바야 프로젝트에 관한 자료를 받아 볼 수 있는지요?
하기에 필요한 보고서를 항목으로 정리했으니 참고해 주시기 바랍니다.

■ 수라바야 시장 조사 결과보고서
■ 수라바야 지사 현황보고서
■ 수라바야 프로젝트 진행 일정표
-> 진행 일정표는 간결한 내용 전달도 무방합니다.

바쁘시겠지만 협조해 주시면 정말 감사하겠습니다.
그럼 연락 기다리겠습니다.
감사합니다.

프리야 드림

• 요청 이메일을 보낸 목적이 무엇입니까?
• 모르는 어휘나 표현을 찾아 보십시오.

어휘 익히기

요청 이메일에 사용되는 어휘를 알아봅시다.

검토하다   반영하다   완료하다   간결하다   무방하다   하기

1. 다음 뜻에 알맞은 어휘를 찾아 써 보십시오.

1) 어떤 사실이나 내용을 꼼꼼히 분석하다

_____

2) 간단하고 체계적이다

_____

3) 완전히 끝내다

_____

4) 어떤 내용이나 정보를 생각하고 살피다

_____

5) 어떤 내용을 특별히 알리기 위해 글 아래에 쓴 것 또는 씀

_____

6) 문제가 되는 것이 없이 괜찮다

_____

2. 위의 어휘 중 알맞은 것을 골라 문장을 완성해 보십시오.

1) 프리야 대리가 일하는 반둥 지사는 수라바야 프로젝트를 (   ) 반둥 프로젝트를 위한 기안서를 작성하려고 합니다.

2) 반둥 지사는 기안서를 작성하기 위해 지난 화상 회의에서 나온 의견을 (   ).

3) 프리야 대리가 김동원 과장에게 요청하는 자료는 작년에 (   ) 수라바야 프로젝트에 관한 자료 입니다.

4) 요청 이메일을 쓸 때 요청 사항은 숫자나 기호를 사용해서 (   ) 작성합니다.

5) 저희는 다음 주 월요일부터 수요일까지 미팅이 가능합니다. 어떤 요일도 (   ) 가능한 일정으로 연락을 주시기 바랍니다.

6) (   )의 내용 중 궁금한 점이 있으면 문의해 주시기 바랍니다.

다름이 아니(오)라

공적인 상황에서 말하고 싶은 내용을 본격적으로 전달할 때 사용합니다. 문장을 시작하는 위치에서 오랜만에 연락하는 사람에게 자주 사용됩니다.

예문) 다름이 아니라 지난 번에 말씀드린 것을 다시 논의하기 위해 연락을 드렸습니다.

다름이 아니오라 교수님께 추천서 요청을 드려도 될지 여쭙습니다.

-기(를) 바랍니다·바랍니다

동사와 함께 사용해서 앞의 내용에 대한 희망을 표현합니다. '-아/어 주시다'와 사용해서 정중한 요청을 나타냅니다. 또한 동작을 나타내는 명사와 '바랍니다'를 사용해서 간결한 요청으로 표현하기도 합니다.

예문) 회의에 참석이 가능하신지 꼭 회신해 주시기를 바랍니다.

비즈니스 한국어 쓰기 수업은 아래 링크로 입장하여 신청 바랍니다.

1. 다음 문장을 '다름이 아니(오)라'를 사용해서 바꿔 써 보십시오.

1) 급한 출장 일정이 잡혀서 미팅을 다음 주로 연기할 수 있을까요?

2) 비즈니스 한국어 수료증을 받고 싶어서 연락을 드렸습니다.

2. 다음 문장을 '-기(를) 바랍니다'를 사용해서 바꿔 써 보십시오.

1) 새해에는 복 많이 받으시고 더욱 건강하세요.

2) 보내 드리는 보고서를 검토 후 회신해 주십시오.

요청 이메일은 상대방을 위해 요청하는 배경을 먼저 전한 다음에 요청 내용을 씁니다.
요청 이메일 기본 형식을 알아봅시다.

▷ **요청 이메일의 형식**
제목 – 받는 사람 – 인사 – 요청 배경 – 요청 본문 – 요청 사항(생략 가능) – 재요청(생략 가능) – 감사 인사 –
보내는 사람

이메일의 내용이나 상황에 따라 요청 사항이나 재요청을 생략하기도 합니다.

1. 다음은 엑스포 참가를 요청하는 이메일입니다. 각 내용을 읽고 이메일의 형식에 맞게 순서를 매겨 보십시오.

✉ 보내는 메일   — ↗ ✕

제목   [시티 컨벤션] K-뷰티 엑스포 코리아 참가 요청   (①)

아이비코스메틱 최아름 부장님께

안녕하세요?
주식회사 시티 컨벤션입니다.   ( )
언제나 귀사의 무궁한 발전을 기원합니다.

• 참가 신청은 8월 30일까지로 CC_KBEAUTY@city.com으로 신청서를 전송
• 참가 신청비는 '이정은행 234-1911-890 주식회사 시티 컨벤션'으로 송금   (⑤)
• 온라인 전시관 운영을 위한 10개 대표 제품의 사진을 CC_KBEAUTY@city.com으로 전달

이에 올해에도 아이비코스메틱이 함께 하셔서 소중한 자리를 빛내 주시기를 요청드립니다.
작년에 이어 금년 엑스포에도 참가하는 회사에게는 다양한 혜택이 제공됩니다.   ( )
참가 방법은 하기의 내용을 확인해 주시기 바랍니다.

다름이 아니라 작년의 성공적인 K-뷰티 엑스포 호이반에 이어 올해에는 한국에서 'K-뷰티 엑스
포'를 개최하고자 합니다.
금년에는 한국에서의 엑스포인 만큼 더욱 많은 국내의 뷰티 업체와 해외 바이어들이 참여할 예   ( )
정입니다.
엑스포 일정은 11월 3일부터 6일로 시티 컨벤션 1 전시장에서 진행됩니다.

자세한 문의사항은 K-뷰티 엑스포 코리아 사무국(02-830-1114/1115)으로 연락 바랍니다.
이번에도 귀사와의 좋은 만남이 이어지기를 기다리겠습니다.

감사합니다.   ( )

시티 컨벤션 K-뷰티 엑스포 코리아 사무국 드림

□ 여러분은 홍보팀의 직원입니다. 금년에 입사한 신입 사원을 위한 오리엔테이션 행사를 준비해야
합니다. 홍보팀, 총무팀, 인사팀이 함께 모여 행사를 기획하고 업무를 나누어 준비하려고 합니다.
이를 위해 총무팀에 회의 참석을 요청하는 이메일을 보냅니다. 각 조건에 맞는 문장을 써서 이메일
을 완성해 보십시오.

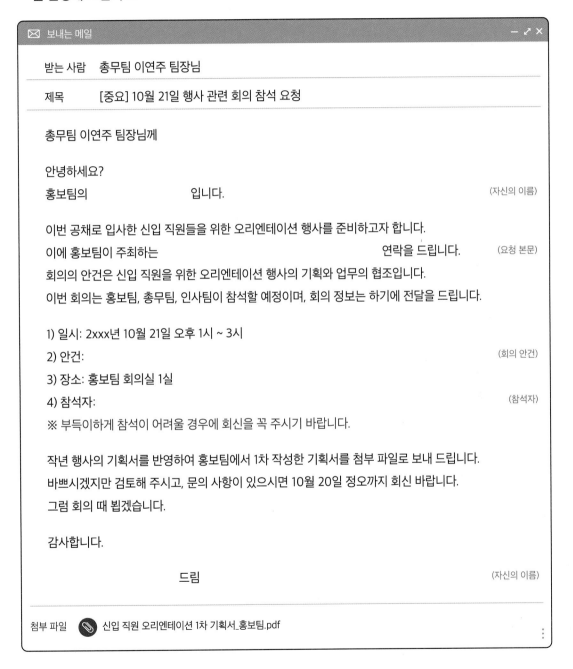

✉ 보내는 메일   − ↗ ✕

받는 사람   총무팀 이연주 팀장님

제목   [중요] 10월 21일 행사 관련 회의 참석 요청

총무팀 이연주 팀장님께

안녕하세요?
홍보팀의   입니다.   (자신의 이름)

이번 공채로 입사한 신입 직원들을 위한 오리엔테이션 행사를 준비하고자 합니다.
이에 홍보팀이 주최하는   연락을 드립니다.   (요청 본문)
회의의 안건은 신입 직원을 위한 오리엔테이션 행사의 기획과 업무의 협조입니다.
이번 회의는 홍보팀, 총무팀, 인사팀이 참석할 예정이며, 회의 정보는 하기에 전달을 드립니다.

1) 일시: 2xxx년 10월 21일 오후 1시 ~ 3시
2) 안건: (회의 안건)
3) 장소: 홍보팀 회의실 1실
4) 참석자: (참석자)
※ 부득이하게 참석이 어려울 경우에 회신을 꼭 주시기 바랍니다.

작년 행사의 기획서를 반영하여 홍보팀에서 1차 작성한 기획서를 첨부 파일로 보내 드립니다.
바쁘시겠지만 검토해 주시고, 문의 사항이 있으시면 10월 20일 정오까지 회신 바랍니다.
그럼 회의 때 뵙겠습니다.

감사합니다.

                    드림   (자신의 이름)

첨부 파일   🔗 신입 직원 오리엔테이션 1차 기획서_홍보팀.pdf

쓰기 활동

□ 여러분은 한국 유학을 위해 서류를 준비하고 있습니다. 한국어 선생님께 추천서 작성을 요청하는 이메일을 써 보십시오. 활동을 하기 전에 101페이지의 비즈니스 문화 '부탁의 기술'을 먼저 공부하십시오.

✉ 보내는 메일	− ↗ ✕
받는 사람	
제목	

첨부 파일 🔗

✅ **글을 다시 검토해 보십시오.**

1. 이메일의 목적을 정확히 전달했어요?
2. 요청 이메일의 구조에 맞게 썼어요?

자가 점검표

1. 전달해야 하는 내용을 간결하게 썼어요?
2. 앞에서 공부한 어휘와 표현을 사용했어요?

상호 점검표

1. 요청 이메일의 구조에 맞게 썼어요?
2. 어휘와 표현을 정확하게 사용했어요?

 비즈니스 문화

부탁의 기술

하버드 비즈니스 학교(HBS)에 입학 후에 처음 공부하는 것이 '잘 부탁하기'라고 합니다.
이 때 학생들은 부탁의 뜻을 깨닫고, 부탁의 방법을 자세하게 공부하게 됩니다.
그만큼 많은 사람들에게 '부탁'은 어렵고 힘든 것입니다. 그래서 마지막 문화 주제는 '부탁의 기술'을 배우 겠습니다. 잘 부탁하기 위해 필요한 사항들을 아래에 간결하게 정리하였습니다.

1. 부탁할 내용을 정리합니다. 대부분의 사람들이 부탁을 어려워하는 이유는 부탁하는 내용을 자신도 정확 하게 파악하지 못하기 때문입니다. 부탁에 앞서 가장 필요한 것이 무엇인지, 얼마나 필요한지를 스스로 정리해 봅니다.

2. 앞에서 부탁의 내용을 정리했다면 이번에는 내용을 구체화합니다. 부탁의 범위와 방향을 정하고, 방법 과 필요한 시간을 확인합니다. 부탁의 범위와 방향이 정해지면 부탁을 하기 전에 준비해야 하는 사항을 점검할 수 있습니다.

3. 부탁이나 요청하는 것을 두려워하지 않습니다. 두려움은 부탁의 방법을 모르거나 거절에 대한 걱정으로 생깁니다. 두려움을 줄이기 위해서는 먼저 진심을 담아 부탁을 하는 방법과 표현을 고민해야 합니다. 표 현이 서툴러도 결국 진심은 전해지게 됩니다.

⊕ 더 쓰기 활동

글을 검토한 후 요청 이메일을 써 볼까요?
앞에서 쓴 이메일을 한국어 선생님에게 보내 보십시오.

취업 준비

▷ 어휘 익히기 (16쪽)

1. (1) 점검하다　　(2) 차분하다
　(3) 발견하다　　(4) 구체적이다
　(5) 습관을 들이다　(6) 맡다

2. (1) 발견하였고
　(2) 점검하고, 습관을 들였습니다
　(3) 차분하게
　(4) 맡아(서)
　(5) 구체적으로

▷ 표현 익히기 (17쪽)

1. 1) 올해 한국전자 신입 직원 채용 결과를 발표하도록
　하겠습니다.
　2) 이번 조사에서 부족한 부분은 김 대리님과 함께
　살펴보도록 하겠습니다.
　3) 죄송합니다. 다음부터 약속 시간을 잘 지키도록
　하겠습니다.

2. 1) 제가 이 회사에 취업을 한다면 공부를 꾸준히 해
　서 필요한 인재가 되도록 하겠습니다.
　2) 선생님, 여행을 다녀와서 수업에 참여하도록 하겠
　습니다.
　3) 저의 꿈을 이루기 위해 한국어와 한국 문화를 열
　심히 공부하도록 하겠습니다.

▷ 전략 익히기 (18~19쪽)

1. 2) 나는 미래를 위해 한국어 공부를 하기로 결정했
　다. → 2년 전부터 한국어와 한국문화를 공부하고
　있고 지금은 한국인과 일상 대화를 할 수 있다. →
　회사에 취업을 해도 계속 한국어를 공부해서 한국
　인과 업무 대화가 가능하도록 노력할 것이다.
　3) 나는 사람들 앞에서 말을 할 때 긴장을 많이 하는
　편이었다 → 이런 성격을 고치기 위해 말하기 공
　부를 꾸준히 해 왔고, 발표 활동에도 적극적으로

참여했다. → 계속 노력한다면 내년 한국어 말하
기 대회에 참가할 수 있을 것이다.

2. 성격의 장단점, 실패한 경험, 지원 동기, 입사 후 포
부, 학창 시절의 경험

3. 1) 성격의 장단점
　2) 실패한 경험
　3) 지원 동기
　4) 입사 후 포부

 # 전화 업무

▷ 어휘 익히기 (26쪽)

1. (1) 부재 중　　　(2) 상담이 있다
　(3) 요청하다　　(4) 메모를 남기다
　(5) 예약하다　　(6) 외근 중

2. (1) 외근 중, 메모를 남겨
　(2) 상담이 있습니다
　(3) 요청했습니다
　(4) 예약했습니다/예약을 했습니다
　(5) 부재 중

▷ 표현 익히기 (27쪽)

1. 1) 선우 씨가 어제 회사에서 대리로 승진했다고 합
　니다.
　2) 최 주임님이 이번 휴가 때 싱가포르로 여행을 간
　다고 합니다.
　3) 수정 씨가 요즘 비즈니스 한국어 수업을 듣는다
　고 합니다.
　4) 박 과장님이 감기가 심해 오늘 회식에 참여할 수
　없으시다고 합니다.
　5) 사장님께서 방금 공항에 도착해 30분 후에 회사
　로 오신다고 합니다.

▷ 전략 익히기 (28쪽)

1. 1) 삼정전자의 김성환 부장님이 아침에 급한 일이

생겨 회사 방문을 오후로 연기하고 싶으시다고 합니다.

2) 이정은행의 정주희 대리가 회사통장 발급을 위한 사업자등록증을 이번 주 금요일까지 보내야 한다고 합니다.

3) 정인여행사의 이은주 씨가 한국행 비행기 일정은 매 주 화,목요일이라 문의하신 금요일에는 비행기 운행을 하지 않는다고 합니다.

2 - 전화 거신 분: 이정은행 정주희 대리

　- 메시지: 이번 주 금요일까지 사업자등록증을 전달해 달라고 합니다. 이메일로도 전달이 가능하다고 합니다.

　- 연락처: soul1729@doodle.com

에인드라

□ 다음은 거래처와의 전화 통화입니다. 대화를 잘 듣고 메모를 작성해 보십시오.

(전화 벨소리 후)

직　원: 네, 두성포워딩의 에인드라입니다.

정주희: 안녕하세요? 저는 이정은행 대리 정주희라고 합니다. 강준성 부장님 계십니까?

직　원: 지금 외근 중이십니다.

정주희: 어제 강 부장님께서 회사 통장 발급을 위해 저희 은행에 방문해 주셨는데요. 아직 받지 못한 서류가 있어서 연락드렸습니다. 부장님은 언제쯤 돌아오실까요?

직　원: 아마 오후 늦게 돌아오실 겁니다. 메모 남겨 드릴까요?

정주희: 네. 그럼 이번 주 금요일까지 사업자등록증을 전달해 달라고 전해 주세요. 이메일 전달도 가능합니다.

직　원: 알겠습니다. 그럼 이메일 주소를 말씀해 주시겠습니까?

정주희: 네. soul1729@doodle.com입니다.

직　원: 이메일 주소를 다시 한번 확인하겠습니다. soul1729@doodle.com 맞으신가요?

정주희: 네. 맞습니다.

직　원: 부장님께 메모 전달드리겠습니다.

정주희: 네. 감사합니다.

▷쓰기 활동 예시 답안 (30쪽)

• 학생 1의 활동

치웨이 씨에게

시간: 20XX, 12월 13일 오후 2시

요즘 가장 있는 카페의 정보입니다. 카페 이름은 소담이고, 연락처는 01-991-7024이라고 합니다. 망고 스무디와 디카페인 카페라떼를 가장 좋아한다고 합니다.

띠리쉐 드림

• 학생 2의 활동

띠리쉐 씨에게

시간: 20XX, 12월 12일 오전 10시 40분

치웨이 씨가 졸업 선물로 핑크색 립스틱을 받고 싶다고 해요. 아래 주소로 립스틱을 보내 주세요.

주소: A201 the tredy condo, soi 9, Khlang Nu

올리비아 드림

• 학생 3의 활동

올리비아 씨에게

시간: 20XX, 12월 14일 오전 11시

제 친구 띠리쉐 씨가 올라비아 씨의 글을 확인할 수 있다고 해요. 친구의 이메일 주소(helenbori@doodle.com)로 글을 보내 주세요.

치웨이 드림

 메신저 업무

▷어휘 익히기 (34쪽)

1. (1) 재확인하다　(2) 출고하다
　(3) 회신하다　(4) 누락되다
　(5) 활기차다　(6) 문의하다

2. (1) 출고할 것입니다
   (2) 회신 부탁드립니다
   (3) 누락되었습니다
   (4) 활기찹니다
   (5) 문의했습니다
   (6) 재확인한 후에

▷ 표현 익히기 (35쪽)

1. 1) 미팅 중이실 것 같아요.
   2) 들어가야 할 것 같아요.

2. 부모님, 저를 바르게 키워 주신 덕분에 학교 생활도 잘하고 있습니다. 항상 감사하고 사랑합니다.

▷ 전략 익히기 (36쪽)

1. 1 - 5 - 3 - 2 - 4

▷ 쓰기 준비 활동 (37쪽)

1. ① 넵넵 -> 네, 알겠습니다.
   ② ㅋ 삭제
   ③ 알겠습니당 -> 알겠습니다
   ④ 메시지 없이 파일 전송

2. ① 월요일: ㅇㅋ~ -> 알겠습니다.
   ② 월요일: 다른 직원들의 대답이 없음
   ③ 목요일: 개인 문서를 단체 채팅방에 전달

▷ 쓰기 활동 예시 답안 (38쪽)

1. 팀장님, 안녕하세요?
   지금 출근 중인데 교통사고가 나서 길이 많이 막힙니다. 그래서 10분 정도 출근이 늦을 것 같습니다.
   죄송합니다. 최대한 빨리 가겠습니다.

2. 선생님, 안녕하세요?
   저 oo입니다. 잘 지내고 계신지요?
   스승의 날을 맞아 선생님께 감사의 인사를 드리고 싶어 연락을 드렸습니다.
   제가 한국어 공부를 힘들어했을 때에 선생님께서 격

려해 주신 덕분에 포기하지 않을 수 있었습니다. 취업 준비도 잘해서 원하는 한국 회사에 합격해 선생님께 반가운 소식 전해 드리겠습니다. ^^
항상 감사합니다, 선생님.

 # 요약 업무

▷어휘 익히기 (42쪽)

1. (1) 실감하다   (2) 요약하다
   (3) 입장하다   (4) 참가하다
   (5) 개최되다   (6) 달성하다

2. (1) 참여하였습니다.
   (2) 개최될
   (3) 실감하였습니다, 달성하고
   (4) 입장하고
   (5) 요약해(서)

▷ 표현 익히기 (43~44쪽)

1. 1) 뉴스에 따르면 올해 기업들의 신입사원 채용 계획이 발표되었다.
   2) 홍보팀 보고서에 따르면 이번 신제품에 대한 문의와 판매량이 증가하고 있다.
   3) 3월 둘째주 회의일지에 따르면 이번 달까지 전 직원들의 월간업무일지를 제출해야 한다.
   4) 날씨예보에 따르면 이번 주 금요일 전 지역에 폭우가 내린다고 합니다.

2. 1-2) 한국과 다르게 우리나라의 기후는 덥습니다.
   2-1) 도시와 다르게 고향의 분위기가 전통적입니다.
   2-2) 고향과 다르게 도시의 분위기는 현대적입니다.
   3-1) 총무부는 기획부와 다르게 자금을 관리하는 일을 합니다.
   3-2) 기획부는 총무부와 다르게 제품을 연구하는 일을 합니다.
   4-1) 5년 전과 다르게 현재의 나는 더 긍정적이고 밝습니다.
   4-2) 현재와 다르게 5년 전의 나는 부끄러움이 많아

다른 사람 앞에서 말을 잘 못했습니다.

3. 6년 전에는 현재와 다르게 저축이 가장 높은 순위로 나타났습니다.

▷ 전략 익히기 (45쪽)

- 제목
  스마트폰의 다양한 기능
- 중심 내용
  스마트폰은 다양한 기능을 편리하게 제공하는 디지털 기기로 일상생활의 필수품이 되었다.
- 세부 내용 2
  ○ 웹 브라우저로 원하는 정보를 검색할 수 있다.
  ○ SNS에서 새로운 친구를 사귀고 다양한 자료를 공유하며 친분을 쌓을 수 있다.
- 세부 내용 3
  3. 회사, 은행, 민원 업무를 처리할 수 있다.
  ○ 데이터 통신 기술의 발달로 이러한 서비스를 제공받고 있다.
  ○ 그러나 해킹으로 피해를 당할 위험도 있다.
- 세부 내용 5
  5. 건강과 신체 활동을 관리하여 건강 상태를 파악할 수 있다.

▷ 쓰기 활동 (47쪽)

> 호이반시, 내년 경제성장률 5.8% 목표,
> 정부회의 승인
>
> 문서 번호: 흐엉 반 / Ka Ka-6 (527/20XX)
> 작성 일자: 20XX. 04. 05
>
> 1. 호이반시의 내년 도시 GRDP 목표 성장률은 5.8%로 처음 목표보다 낮게 결정하였다.
> 2. 통계부에 따르면 지난 3년간의 호아반시 국가 GDP 비율은 각각 21.8%, 15.5%, 15.6%이다.
> 3. 호이반시의 구체적인 경제 지표 목표 달성 방안
>   ○ 주요 계획: 외국인 관광 매출, 정보기술 인프라 구축 및 개발, 지방 디지털화 전환 달성
>   1) 사회부문: 신규 일자리 14만 개 창출, 특별 지역 (투특시, 혹목현, 꾸찌현)의 대형병원 설립

> 2) 행정부문: 100% 온라인 행정 공공서비스 제공, 행정 업무 시민 만족도 95% 달성 목표
>
> 인사이드비나(http://www.insidevina.com),
> 원툰 기자 | 20XX. 04. 03 12:52

 5 **보고 업무 1**

▷ 어휘 익히기 (52쪽)

1. (1) 급증하다　　　(2) 파악하다
   (3) 현황　　　　　(4) 자사
   (5) 특이사항　　　(6) 개선하다
   (7) 경쟁사　　　　(8) 비고

2. (1) 현황, 경쟁사
   (2) 자사, 개선해서
   (3) 급증하, 파악해야 합니다
   (4) 특이사항

▷ 표현 익히기 (53쪽)

1. A-1: 보고서 작성 후에 말로 설명하며 보고 내용과 표현을 확인하는 것을 추천함.
   A-2: 보고서 작성 후에 말로 설명하며 보고 내용과 표현 확인을 추천함.
   B: 보고서 작성 후에 말로 설명하며 보고 내용과 표현을 확인하는 것을 추천

2. A: 최근 설문조사에서 대학생들이 가장 선호하는 직업은 공무원, 교사, 의사 순으로 나왔음.

3. A-1: 오원 시는 구직자들을 위해 다양한 취업 프로그램을 운영하고 있음.
   A-2: 오원 시는 구직자들을 위해 다양한 취업 프로그램을 운영함.
   B: 오원 시는 구직자들을 위해 다양한 취업 프로그램을 운영

▷ 전략 익히기 (54쪽)

- 최악의 지원자 유형
  1. 면접에 늦는 게으른 지원자(40.7%)
  3. 자신감이 없는 지원자(20.1%)
  4. 질문과 상관없는 대답을 하는 지원자(18.5%)

- 최고의 지원자 유형
  2. 예의 바르고 성실해 보이는 지원자(37.4%)
  3. 친화력이 좋고 대인관계가 원만해 보이는 지원자 (36.6%)
  4. 협조적이고 조직문화에 잘 적응할 것 같은 지원자 (30.7%)

- 특이사항
  · 면접관에게 좋은 점수를 얻기 위해서는 면접 초반에 집중해야 한다.
  · 9

▷ 쓰기 준비 활동 예시 답안 (55쪽)

	식당명	품명	판매가	특징 및 의견
한국식당 판매 음식현황	경복궁	참치김치찌개	12,000	양이 푸짐, 반찬 제공
	진짜어묵	떡볶이	4,000	강한 단맛
	수랏간	삼겹살	9,500	신선한 고기, 김치와 버섯 서비스
소비자 인기 음식현황	진짜어묵	어묵꼬치	1,500	저렴한 가격으로 인기
	경복궁	비빔밥	8,000	다양한 야채 제공과 미역국 서비스
	수랏간	삼겹살볶음밥	6,500	점심 식사 메뉴로 인기
특이 사항	○ 대학 근처 한국 식당은 밑반찬이 부족하다는 의견이 많음. ○ 최근 삼겹살, 목살 등의 돼지고기 메뉴 또는 전문 한국식당의 인기가 높음. → 현재 운영 중인 식당과 다른 컨셉의 고기 전문 식당 준비가 필요함.			

▷ 쓰기 활동 예시 답안 (56쪽)

결과보고서			결재	담당	과장	부장

부서	연구개발부	직위		직원	작성자	진한텟
보고 목적	한국식당 및 인기 음식 시장조사			비고		쇼핑센터 내 식당
진행 기간	20XX. 03. 04 ~ 20XX. 03. 06					

1. 한국식당의 판매 음식 현황

품번	식당명	품명	판매가 (KYAT)	특징
1	경복궁	참치김치찌개	12,000	양이 푸짐하고 반찬을 제공
2	진짜어묵	떡볶이	4,000	현지 입맛에 맞게 강한 단맛
3	수랏간	삼겹살	9,500	신선한 고기, 김치와 버섯 서비스

2. 소비자 인기 음식 현황

품번	식당명	품명	판매가 (KYAT)	의견
1	진짜어묵	어묵꼬치	1,500	가격이 저렴해 젊은이들에게 인기
2	경복궁	비빔밥	8,000	다양한 야채를 먹을 수 있고 미역국을 서비스로 제공하여 인기
3	수랏간	삼겹살볶음밥	6,500	점심 식사로 간단히 고기와 밥을 먹을 수 있어서 인기

특이사항
○ 대학 근처 한국 식당은 밑반찬이 부족하다는 의견이 많음.
○ 최근 삼겹살, 목살 등의 돼지고기 메뉴 또는 전문 한국식당의 인기가 높음.
→ 현재 운영 중인 식당과 다른 컨셉의 고기 전문 식당 준비가 필요함.

6 보고 업무 2

▷ 어휘 익히기 (60쪽)

1. (1) 발주서   (2) 생산하다
   (3) 변경하다   (4) 구매 의뢰서
   (5) 작성하다   (6) 제출하다
   (7) 검색하다

2. (1) 구매 의뢰서, 발주서, 제출합니다
   (2) 작성하였습니다
   (3) 검색한 후에
   (4) 생산합니다
   (5) 변경하

▷ 표현 익히기 (61쪽)

1. 1) 업무를 시작하기 전에 해야 할 일들을 순서대로

정리한 후에 업무가 끝날 때 완료한 일, 완료 못 한 일을 확인합니다.
2) 업무 지시를 받을 때는 메모지와 펜을 준비한 후에 지시를 들으면서 업무 내용을 메모합니다.
3) 주간업무일지에는 지난 주의 업무와 연결하여 이번 주에 한 주요 업무들을 작성한 후에 다음 주의 업무 계획을 씁니다.

▷ 전략 익히기 (62쪽)

1. 3 - 5 - 2 - 1 - 4

2. 1) 중급반에서 한국어 공부를 해서 어휘나 문법도 점점 어려워지고 공부 시간도 길어져 가끔 힘이 든다.
2) 매일 30분씩 한국어 공부를 하고 있고, 수업이 끝나면 바로 숙제를 하며 어휘 노트를 만들어 공부를 한다.
3) 친구와 공부 계획을 세워서 서로 공부한 내용을 확인하고 궁금한 점을 묻고 답하면 한국어 공부가 더 재미있게 느껴질 거예요.

▷ 쓰기 활동 예시 답안 (64쪽)

주간업무일지 20xx년 5월 27일 (월요일)		결 재	담당	과장	부장

구분	업 무 내 용				
	부서	비즈니스 한국어 1		작성자	카즈야
금 주 업 무	5/20 (월)	- 비즈니스 한국어 1 수업 참여 - 5과 어휘 예문 만들기 복습 - 김치 요리 문화행사 참가 신청하기			
	5/21 (화)	- 필라테스 후 서점에서 한국어 책 구입 - 주요 기사 검색 후 요약문 작성 활동 - 동생 생일			
	5/22 (수)	- 비즈니스 한국어 1 수업 참여 - 5과 결과보고서 컴퓨터 활동 숙제 - 두송그룹 신입직원 지원 서류 작성 준비			
	5/23 (목)	- 드라마 번역 동호회 모임 일정 안내하기 - 자기소개서 작성			
	5/24 (금)	- 한국어 드라마 번역 동호회 활동 후 저녁 식사 - 번역 내용 복습하기 - 작성한 자기소개서 점검			
차 주 업 무	1. 선배님께 자기소개서 확인 요청하기 2. 두송그룹 지원 서류 중 졸업증명서 발급 준비하기 3. 레이 생일선물 사기 4. 두송그룹 신입직원 지원 서류 제출하기				
비 고	□ 면접 예상 질문 준비 □				

---

⑦ 회의 업무

▷ 어휘 익히기 (68쪽)

1. (1) 협의하다   (2) 조치하다
  (3) 선적하다   (4) 검사하다
  (5) 점검하다   (6) 주관하다

2. (1) 주관하였고
  (2) 점검하여
  (3) 협의할 것입니다/협의를 할 것입니다
  (4) 검사를 해야 합니다/검사합니다
  (5) 선적합니다 / 선적을 합니다
  (6) 조치했습니다

▷ 표현 익히기 (69~71쪽)

1. 1) 올해부터 계획을 세워 한국어 공부를 하기로 결심했습니다.
2) 동료들과 지난 주에 간 한국 식당의 음식이 맛있어서 이번 주 주말에 또 가기로 했어요.
3) 1월에 전 직원이 1박 2일로 워크숍을 가기 때문에 사내 연말 파티는 하지 않기로 했습니다.

2. 1) 생산 현황 점검에 관한
2) 회의록 작성에 관한
3) 관리팀에 선적 일정에 관한 자료를 요청할 거예요.
4) 이번 휴가 때 집에서 한국의 비즈니스 문화에 관한 책을 읽을 거예요.

3. 2) 회사 발전에 관한 의견을 정리해서 회의 때 발표하기로 했습니다.
3) 자신의 미래에 관한 구체적인 계획을 세우기로 했습니다.
4) 친구와 비즈니스 한국어 공부에 관한 계획표를 만들고 함께 점검하기로 했어요.

▷ 전략 익히기 (73쪽)

1. 회의 일시: 10월 9일 오후 3시 30분

회의 장소: 스테이인 카페

참석자: 응웬 황 부엉, 루엉 반 엠, 응우옌 쥬이 뚜언,
수니 하 탐

회의 안건: 자연보호를 위해 동호회에서 가장 빠르
고 쉽게 실천할 수 있는 방법

2. • 2번 제시 의견: 환경보호 수첩을 사용하여 사용한
제품을 서로 점검하기

• 2번 응웬 황 부엉 의견: 수첩 사용은 환경보호에
어긋나는 행동이므로 단체 메신저방에 정보를 올
리자고 제안함.

• 3번 제시 의견: 한 달에 한 번 길에 떨어진 쓰레기
줍기

• 3번 세부 실천 사항: 토요일 오전에 동호회 티셔츠
를 입고 쓰레기를 주우며 동호회 홍보를 하자고 함.

• 3번 수니 하 탐 업무: 12일까지 쓰레기 줍기 안내
포스터를 제작 후 전달

▷ 쓰기 활동 예시 답안 (75쪽)

회 의 록		담 당	팀 장
회의 일시	20XX년 1월 10일(금)	회의 장소	이정코스메틱 영업팀 회의실
작성 일자	20XX년 1월 10일(금)	회의록 작성자	김기원
주관 부서	영업팀	참석 인원	2명
참 석 자	(1) 글로벌광고 밍메이 차장 (2) 김기원 과장 (3) (4)		
회의 안건	신제품 홍보에 관한 논의		

회의 내용	1. 신제품 홍보 전략
	1) 디지털 마케팅의 중심인 SNS을 활용한 전략
	  - 소비자들이 친환경 제품에 많은 관심이 있으므로 이를 강조해서
	    홍보하는 것이 필요함.
	2) 체험 마케팅과 디지털 마케팅을 함께 활용한 전략
	  - 친환경 제품은 소비자들이 직접 체험하는 것이 중요함.
	  - 쇼핑센터나 사람들이 많이 모이는 장소에 팝업 행사를 운영해서
	    제품을 체험할 수 있음
	  - 이와 함께 SNS에 제품 후기나 사진을 올리는 활동을 하면 효과적임.
	2. 홍보 예상 비용
	  - 비용은 장소나 행사 규모에 따라 달라짐.
	  - 쇼핑센터와 함께 이벤트를 진행하면 비용을 아낄 수 있다고 함.
	  - 예산 계획서는 다음 주 수요일(1월 15일)까지 전달받기로 함.		

비 고			

□ 다음은 신제품을 생산한 회사의 영업 직원과 홍
보 회사 직원이 만나 '신제품 홍보'에 대해 논의하
는 회의입니다. 잘 듣고 안건의 내용을 간단히 메
모해 보십시오. 2~3번 듣기를 추천합니다.

영업 직원: 안녕하세요? 만나 뵙게 되어 반갑습니
다. 저는 이정코스메틱 영업팀 과장 김기
원입니다.

홍보 직원: 네, 안녕하세요? 반갑습니다. 저는 글로
벌광고 차장 밍메이입니다.

영업 직원: 저희 회사에서 새로 나온 제품의 홍보 전
략을 논의하기 위해 연락드렸습니다. 이
번 제품은 친환경 재료로 만든 화장품이
고, 타겟은 주로 20~40대 여성입니다.
홍보 방법에 대해 고민 중인데, 효율적인
전략을 제안해 주시면 좋겠습니다.

홍보 직원: 친환경 제품이라는 점이 아주 큰 장점이
네요. 요즘 소비자들이 친환경 제품에 많
은 관심을 가지고 있으니, 이 부분을 강
조해서 홍보하는 것이 좋을 것 같습니다.
우선 디지털 마케팅의 중심인 SNS를 적
극적으로 활용하는 것을 제안드리고 싶
습니다.

영업 직원: SNS 마케팅은 요즘 필수인 것 같네요.
그런데 이번 제품이 회사에서 중요한 제
품이라 소비자들에게 강한 인상을 전달
할 수 있는 마케팅도 필요합니다.

홍보 직원: 음, 그럼 체험 마케팅을 활용하는 것은
어떠신가요? 특히 친환경 제품은 소비자
들이 직접 체험하면서 그 가치를 느낄 수
있죠. 쇼핑센터나 소비자들이 많이 모이
는 장소에 팝업 행사를 운영해서 제품을
체험하고, 동시에 SNS에 체험 후기나 사
진을 올리는 활동도 효과적입니다.

영업 직원: 좋은 의견이네요. 체험 행사와 함께 SNS
홍보도 같이 진행하면 효과가 있을 것 같
습니다. 비용은 어느 정도 들까요?

홍보 직원: 장소나 행사 규모에 따라 달라지겠지만

쇼핑센터와 함께 진행하면 비용을 아낄 수 있습니다. 예산에 대한 계획은 추후에 구체적으로 제안 드리겠습니다.

영업 직원: 알겠습니다. 오늘 논의한 내용을 바탕으로 홍보 전략을 계획해 주시고, 예산 계획서는 다음 주 수요일까지 전달 부탁드립니다.

홍보 직원: 네. 알겠습니다. 빠른 시일 내에 구체적인 계획을 전달 드리겠습니다.

 ⑧ 이메일 업무 1

▷ 어휘 익히기 (80쪽)

1. (1) 발신인　　　(2) 참고하다
　 (3) 수신인　　　(4) 전송하다
　 (5) 발송하다　　(6) 첨부하다

2. (1) 발신인, 수신인
　 (2) 전송하/발송하
　 (3) 첨부하
　 (4) 참고해서
　 (5) 발송해

▷ 표현 익히기 (81쪽)

1. 1) 선생님, 한국어 쓰기 숙제를 보내 드립니다.
　 2) 장 과장님, 주간업무일지를 첨부 파일로 전송해 드립니다.

2. 1) 최 대리님, 시장조사 보고서를 확인 부탁드립니다.
　 2) 타오 주임님, 주문한 물품의 선적 일자를 회신 요청드립니다.

▷ 전략 익히기 (82쪽)

1. ① - ② - ④ - ⑤ - ③

▷ 쓰기 준비 활동 예시 답안 (83쪽)

• 수맛몬
• 내년 한국 무역박람회의 참가를 위한 참가신청서를 보내 드립니다.
• 첨부 파일을 확인 부탁드립니다.
• 수맛몬

▷ 쓰기 활동 예시 답안 (84쪽)

✉ 보내는 메일　　　　　　　　− ↗ ×

제목　글로벌 인턴십 프로그램 지원_알비나

글로벌 인턴십 프로그램 담당자님께

안녕하세요?
저는 이번 인턴십 프로그램에 지원하는 알비나입니다.

지원을 위한 자기소개서와 신청서를 보내 드립니다.
첨부 파일을 확인 부탁드립니다.

그럼 즐거운 주말 보내시기를 바랍니다. (생략 가능)

감사합니다.

알비나 드림

첨부 파일　🔗 인턴십 지원서_알비나 .pdf
　　　　　🔗 자기소개서_알비나 .pdf　　⋮

 ⑨ 이메일 업무 2

▷ 어휘 익히기 (88쪽)

1. (1) 분석하다　　　(2) 협조하다
　 (3) 유의하다　　　(4) 연기하다
　 (5) 답변하다　　　(6) 보류하다

2. (1) 협조하려고 합니다
　 (2) 분석합니다
　 (3) 유의해야 합니다
　 (4) 답변하

(5) 연기하였습니다

(6) 보류해

▷ **표현 익히기 (89쪽)**

1. 1) 과장님께서는 언제 한국으로 휴가를 가시는지요?
   2) 지난 달에 올린 야근 수당을 제 통장으로 받을 수
      있는지요?

2. 1) 제가 GKS 장학프로그램에 합격해서 내년부터 한
      국에서 공부하게 되었습니다.
   2) 천 과장님의 소개로 거래처 담당 직원을 만나게
      되었습니다.

▷ **전략 익히기 (90쪽)**

1. 문의 이메일: ① - ② - ⑤ - ③ - ④ - ⑥
   답변 이메일: ① - ③ - ② - ⑤ - ④

▷ **쓰기 준비 활동 예시 답안 (91쪽)**

1. 문의 이메일
   - 일리아나
   - 한국 무역 박람회에 관한 인테리어 문의를 드리기
     위해 연락드렸습니다.
   - 혹시 다음 주에 저희 회사에 방문하여 미팅이 가
     능하신지요?
   - 일정 확인하신 후 답변 부탁드립니다.
   - 일리아나

1. 답변 이메일
   - 문의하신 미팅 일정은 이번 주 수요일 점심 이후
     가 어떠신지요?
   - 그럼 일정 회신 부탁드립니다.

▷ **쓰기 활동 예시 답안 (92쪽)**

✉ 보내는 메일	− ↗ ✕

제목   이정무역 채용 공고 제출 서류에 관한 문의

이정무역 인사 담당자님께

안녕하세요?
저는 이번 신입 직원 채용 공고에 지원하는 바야라
고 합니다.

이정무역의 채용 지원에 관한 문의를 드리기 위해
연락드렸습니다.
지원 서류 중 졸업증명서를 제출해야 하는데 제가
다음 달에 졸업을 하게 됩니다.
그래서 졸업증명서 대신 졸업예정증명서를 제출해
도 되는지요?
다음 달 졸업식 후에는 졸업증명서로 다시 제출이
가능합니다.
그럼 답변 기다리겠습니다.

감사합니다.

바야 드림

첨부 파일 📎

10 이메일 업무 3

▷ **어휘 익히기 (96쪽)**

1. (1) 검토하다   (2) 간결하다
   (3) 완료하다   (4) 반영하다
   (5) 하기   (6) 무방하다

2. (1) 검토한 후에/검토한 다음에
   (2) 분석합니다
   (3) 완료된
   (4) 간결하게
   (5) 무방하니
   (6) 하기

▷ 표현 익히기 (97쪽)

1. 1) 다름이 아니라 급한 출장 일정이 잡혀서 미팅을 다음 주로 연기할 수 있을까요?
   2) 다름이 아니오라 비즈니스 한국어 수료증을 받고 싶어서 연락을 드렸습니다.

2. 1) 새해에는 복 많이 받으시고 더욱 건강하시기를 바랍니다.
   2) 보내 드리는 보고서를 검토 후 회신해 주시기를 바랍니다 / 회신 바랍니다.

▷ 전략 익히기 (98쪽)

1. ① - ② - ⑤ - ④ - ③ - ⑥

▷ 쓰기 준비 활동 예시 답안 (99쪽)

• 케이민
• 회의 참석을 요청드리기 위해
• 신입직원 오리엔테이션의 행사 기획과 업무의 협조
• 홍보팀, 총무팀, 인사팀의 실무 담당자
• 케이민

▷ 쓰기 활동 예시 답안 (100쪽)

✉ 보내는 메일　　　　　－ ⤢ ✕

제목　교수님, 추천서를 요청드립니다_줄라이 흐닌

박성은 교수님께

교수님, 안녕하세요?
제자 줄라이 흐닌입니다.

더운 날씨에 건강은 어떠신지요?
저는 학교를 졸업 후에 한국 회사의 취업을 준비하며 지내고 있습니다.
교수님께서 전해 주신 지식과 조언이 취업을 준비하는 저에게 큰 힘이 되고 있습니다.

다름이 아니오라 이번에 이정은행에서 신입 직원 모집이 발표되었는데 교수님께 추천서를 부탁드리고자 이메일을 드립니다.
제가 평소에 관심이 많았던 회사라 지원하려고 하는데 괜찮으시다면 꼭 교수님께 추천서를 받고 싶습니다.
추천서를 작성해 주실 수 있으신지 알려 주신다면 지원하는 회사와 부서의 간결한 정보와 제 이력서와 자기소개서를 보내 드리겠습니다.

바쁘신 와중에 이런 부탁을 드려서 죄송합니다.
교수님께서 시간이 되신다면 꼭 도움을 받을 수 있기를 바랍니다. .
그럼 회신 기다리겠습니다.

감사합니다.

제자 줄라이 흐닌 드림

첨부 파일